本书为西南科技大学博士研究基金项目“数字金融平台反垄断协同治理研究”
（项目编号24sx7110）的研究成果之一

SHUZI JINRONG PINGTAI FANLONGDUAN
XIETONG ZHILI YANJIU

数字金融平台反垄断
协同治理研究

张潇丹／著

法律出版社
LAW PRESS · CHINA
北京

图书在版编目（CIP）数据

数字金融平台反垄断协同治理研究 / 张潇丹著.
北京 : 法律出版社, 2025. -- ISBN 978 - 7 - 5244 - 0049 - 3
Ⅰ. D922.294.4
中国国家版本馆 CIP 数据核字第 2025WU2904 号

数字金融平台反垄断协同治理研究
SHUZI JINRONG PINGTAI FANLONGDUAN XIETONG ZHILI YANJIU

张潇丹 著

策划编辑 徐 菲
责任编辑 徐 菲
装帧设计 鲍龙卉

出版发行 法律出版社
编辑统筹 法律出版社
责任校对 王晓萍
责任印制 胡晓雅
经　　销 新华书店

开本 A5
印张 6.875　**字数** 144 千
版本 2025 年 5 月第 1 版
印次 2025 年 5 月第 1 次印刷
印刷 河北虎彩印刷有限公司

地址:北京市丰台区莲花池西里 7 号(100073)
网址:www.lawpress.com.cn
投稿邮箱:info@lawpress.com.cn
举报盗版邮箱:jbwq@lawpress.com.cn
销售电话:010 - 83938349
客服电话:010 - 83938350
咨询电话:010 - 63939796

书号:ISBN 978 - 7 - 5244 - 0049 - 3　**定价**:32.00 元

凡购买本社图书,如有印装错误,我社负责退换。电话:010 - 83938349

目录

导　论

一、问题的提出

21 世纪以来,伴随我国经济的发展,平台经济和金融行业发展呈现融合发展的态势,相继出现了一些平台性的金融企业,大型互联网金融企业凭借技术、算法与极强的平台网络效应,构建了与传统市场模式存在重大差异的双边市场体系,形成基本固定的头部金融平台。2021 年年初,中国金融学会副会长吴晓灵指出,中国金融已经进入平台金融新时代。

平台时代的金融市场竞争行为呈现出许多新的特征,数字金融平台令金融风险的传导路径和安全边界都发生了重大变化。互联网金融行业与平台高度融合,呈现出“平台 + 金融”“经济 + 金融”的新特征。我国为鼓励金融创新,对数字经济平台与金融平台采取了包容审慎的金融监管政策和谦抑性的反垄断监管理念,但数字金融平台为寻求利润更大化,借助头部平台形成规模优势,在人工智能与算法的支撑下,涉足多种金融业务并开展不正当竞争,在某些产品、某些环节形成垄断,利用“赢者通吃”的平台特点阻碍公平竞争、获取超额收益。[①] 产业资本在金融领域无序扩张的现象引发监管机构的高度关注。党的二十大报告指出,“加强和完善现代金融监管,强化金融稳定保障体系,依法将各类金融活动全部纳入监管,守住不发生系统性风险底线”。要“强化金融反垄断和反不正当竞争,依法规范和引导资本健康发展,防止资本在金融领域无序扩张”。针对金融业部分领域垄断行为突出的问题,有效识别金融领域垄断行为的新特性,抓住金融领域反垄断的“牛鼻子”,构建金融领域反垄断的治理框架,对完善金融治理体系、提升金融治理能力、实现金融治理能力现代化,实现金融支持经济高质量发展意义重大。

数字经济平台涉足金融业务后的无序竞争行为必将引致金融市场秩序混乱,更会引致金融消费者权益受损,如何应对数字金融平台的无序竞争行为对反垄断法带来的挑战,是世界各国监管机构亟须面对的重要问题。然而,我国数字金融行业反垄断面临的现实问题是,数字金融平台天生处于金融监管与反垄断规制的交叉处,竞争政策与产业政策孰先孰后一直以来就存在争议。长期以来制度运行与实施中遵循产业政策优先于竞争政策的固有观念形成了反垄断执法机构规制金融行业垄断行为的适用障碍,实践中我国并未出现银行业反垄断的案例似乎更加印证了这

---

① 参见郭树清:《加强和完善现代金融监管(认真学习宣传贯彻党的二十大精神)》,载《中国金融家》2022 年第 12 期。

一“应当遵循”的制度假设。基于竞争政策与产业政策的不同价值导向,数字金融平台反垄断应当遵循竞争政策优先还是产业政策优先抑或其他监管逻辑?

从法理学角度看,广义的法包括政策,反垄断法的政策特质鲜明而突出。[①] 从行业政策的需求看,继 2008 年 8 月 1 日反垄断法实施以来,反垄断法实施中如何协调竞争政策与产业政策之间的关系这一问题一直存在争议,围绕该问题学者们展开了激烈的讨论。时至今日,随着前垄断行业的自由化创造了部分监管与竞争部门并存的市场,竞争与监管之间的衔接问题变得越来越重要且紧迫,数字金融平台的无序扩张严重挑战金融市场竞争秩序,数字金融平台的特性让反垄断监管应遵循的逻辑再次面临同样的困惑,揭示了本书研究主题的紧迫性和重要性。数字金融平台天然存在的网络负外部性会放大风险传导的速度,容易形成系统性风险,影响金融稳定,其垄断行为则会阻碍数字平台的健康发展,[②]法律滞后造成的平台监管缺位需要完善竞争法治的制度框架,[③]对数字金融平台垄断行为的监管与治理问题的研究具有现实紧迫性。

学术界与实务界基本达成数字金融平台包容审慎监管指导下加强监管的基本思路,但如何改进现有监管机制并在数字金融平台中予以落实,在有限的研究中各方存在较大分歧。有观点提

---

① 参见杨利华:《第三方支付行业竞争的反垄断法规制》,载《法商研究》2019 年第 6 期。

② 参见孙晋:《数字平台的反垄断监管》,载《中国社会科学》2021 年第 5 期。

③ 参见马平川:《平台反垄断的监管变革及其应对》,载《法学评论》2022 年第 4 期。

出分拆互联网金融平台巨头，但是技术上很难实现。[①] 平台权力的扩张意味着平台责任的扩张，当下我国反垄断监管在互联网平台治理中捉襟见肘，面对互联网金融平台更是无能为力，[②]学术界更是引发了关于"避风港原则""红旗规则"[③]与大型数字平台作为"看门人责任"的讨论，并将问题聚焦于平台私权力与公权力的冲突问题上。本书正是在这一背景下展开研究的。针对平台反垄断监管呈现出金融监管乏力与反垄断立法回应不足的特点，现有规制工具无法有效回应数字金融平台的无序竞争行为。监管滞后的根本原因是理论研究不足，如何回应这些挑战迫切需要理论研究的学术支撑。[④] 本书从平台反垄断的视角切入，研究数字金融平台垄断行为的治理问题，主要聚焦于如下一些问题：数字金融平台的垄断行为具有什么样的特点，呈现为何种形态，需要从哪些方面予以制度关切与制度因应？平台特征对金融行业的反垄断监管有何种影响，现有的单一的反垄断监管是否能够胜任对平台金融企业的反垄断职责？对平台金融企业最佳的治理模式是什么，其又应当如何构建。对上述问题的研判期冀能为我国平台金融行业的反垄断治理提供可资参考的研究资料，为推动建立科学高效的金融稳定保障体系提供助力。

---

① 参见蒙慧欣：《国家出手遏制互联网领域垄断行为》，载《计算机与网络》2021年第1期；董枳君：《超级平台或将进入"软拆分"阶段》，载《商学院》2021年第4期。

② 参见孙晋：《互联网金融平台传统监管的局限与法治化改革》，载《华东政法大学学报》2023年第1期。

③ 参见周学峰、李平主编：《网络平台治理与法律责任》，中国法制出版社2018年版，第396页。

④ 参见中国人民大学未来法治研究院：《数字市场反垄断需要监管工具创新》，载《中国价格监管与反垄断》2021年第3期。

为了研究上述问题,本书综合运用法学、反垄断经济学、管理学的分析工具,下面对文中涉及的重要概念予以解释。

(一)规制、管理、监管与治理

规制(regulation)存在多种翻译,包括管制、监管、规制。规制是系统性监管体制下的资源调控和制度安排,规制由政府及其部门主导。[①] 在国家经济与社会职能扩张的背景下,"规制国"[②]作为干预个体行为的符号成为现代行政的重要手段。政府规制是国家强制力的具体体现,强调政府在规制过程中的核心地位,公共规制机构采用命令、禁止、制裁的方式实施规制,体现国家强制力,控制性行政规制工具是其主要工具。

21 世纪以来,规制的概念在内涵和外延上不断扩张,政府规制的目的从通过强制力予以控制向有效实现多种行政任务转变,政府规制工具由控制性规制转向综合性治理。

"治理"(governance)理论产生于国家角色的转变。"治理"理论的提出旨在破除以"管理"(government)为核心的控制性行政规制对政府的强依赖,并以多中心模式代之。[③]"管理"与"治理"并不同义。管理是指政府在法律上正式获得权威和监管权力

---

① See Julia Black, *Critical Reflections on Regulation*, 35 Australian Jounal of Legal Philosophy 9(2002).

② 参见[美]凯斯·R.桑斯坦:《权利革命之后:重塑规制国》,钟瑞华译,中国人民大学出版社 2008 年版,第 45 页。

③ See Samuel Bowles, Microeconomics, *Behavior*, *Institutions*, *and Evolution*, Princeton University Press, 2004, p. 473 – 501.

来执行和实施活动,治理则含公共部门与私营部门的主体。[①] 治理模式下,非政府主体也能承担一定的政府功能,[②]即规则和标准可以由非政府组织制定。监管的实施主体既可以是自我规制主体,也可以是非政府组织。譬如可通过行业协会的自我规制机制对市场主体间的违约行为予以治理,市场主体间的契约方式是治理的重要方式。从政府规制走向公共治理,探求多中心、多主体、多层次的合作治理具有必要性,[③]从规制到治理的理念转变,体现了对公私互补模式的可行性的强调。[④]

(二)竞争政策、产业政策、金融监管与竞争监管

市场经济的本质是竞争,竞争政策是对限制竞争行为的约束政策,用以规制可能导致垄断的市场结构和行为。[⑤] 竞争政策是政府治理的重要工具,以维护公平的市场竞争环境,促进市场竞争为目的。竞争政策是市场经济的基本经济政策。广义的竞争政策涵盖以维护公平竞争环境为目的的各种公共措施,产权改革政策,垄断行业管制政策,政府补贴政策等都是广义竞争政策的组成部分。狭义的竞争政策则指反垄断政策,通常以法律形式存

---

① See Kirk Emerson, *Tina Nabatchi and Stephen Balogh*: *An Integrative Framework for Collaborative Governance*, 22 Journal of Public Administration Research and Theory 1(2012).

② See Colin Scott, Fabrizio Cafaggi, Linda Senden, *The Conceptual and Constitutional Challenge of Transnational Private Regulation*, 19 Journal of Law & Society 1 (2011).

③ 宋华琳:《论政府规制中的合作治理》,载《政治与法律》2016 年第 8 期。

④ 参见[英]科林·斯科特、石肖雪:《作为规制与治理工具的行政许可》,载《法学研究》2014 年第 2 期。

⑤ 参见徐士英:《竞争政策研究:国际比较与中国选择》,法律出版社 2013 年版,第 3 页。

在,运用事后调节措施处理反竞争结果。竞争监管属于竞争政策范畴,其含义比反垄断监管更加宽泛,是运用反垄断法和反不正当竞争法在内的各项法律法规对市场实施监督管理的过程的总称。

产业政策也有广义与狭义之分。广义的产业政策涵盖与产业结构、组织、技术、布局以及其他对产业发展有影响的政策法规,是指为实现一定经济目标与社会目标,政府对产业发展干预形成的一系列政策的总和。狭义的产业政策指针对产业结构状况而制定的政策。狭义的产业政策常常与竞争政策产生直接冲突。

金融监管是政府依据部门法对具有特殊性的金融行业进行金融监督、制定金融监管政策的总称,金融监管治理是为实现监管目标而进行的一系列制度安排。①

"反垄断"(Antitrust)和"规制"(Regulation)被认为是政府干预市场的两种方式。前者是指反垄断,也被翻译为竞争监管,后者被译为监管、管制、规制,意指与反垄断平权的金融监管,本书所持的基本观点是监管是 Antitrust 和 Regulation 的上位概念,即政府通过法律、政策等手段对市场施加控制和干预,循此逻辑,监管包括反垄断监管、事前监管等方式。在相关学术文献和规范性文件中,也有使用"前置式监管""事前管制""行业管制""行业监管"等术语。

反垄断经济学理论中,政府规制或管制是指政府监管机构依

① 参见江曙霞、郑亚武:《金融监管治理的激励机制研究》,载《厦门大学学报(哲学社会科学版)》2012 年第 3 期。

法律或法规,实施的作用于被监管者的行政管理和监督行为。[①]规制行为包括直接规制和间接规制两种方式。直接规制是政府直接介入经济主体决策,包括经济性规制和社会性规制。间接规制主要是指竞争政策,用于规范反竞争行为,处理信息不对称问题。金融领域中,金融监管政策属于直接规制中的经济性规制。[②]金融管制放宽后,金融监管政策逐渐具有社会性规制的特征。金融领域的竞争政策则属于间接规制。

二、文献综述

(一)数字金融平台的研究评述

1. 数字金融的概念

数字金融(digital finance)的全方位崛起对全球金融治理带来最为深刻的影响与挑战,[③]"数字金融"这一术语的内涵和研究范式在国际金融界也还在研究讨论中,尚未形成完全一致的界定。有机构和学者采用金融科技(fintech)、互联网金融(internet finance)来定义数字金融,[④]金融科技(Financial Technology)一般

---

① 参见[日]植草益:《微观规制经济学》,朱绍文等校译,中国发展出版社1992年版,第27页。

② 参见[日]植草益:《微观规制经济学》,朱绍文等校译,中国发展出版社1992年版,第29页。

③ 参见王达、[美]高登·博德纳:《主权债券泡沫、美元依赖性与数字金融对全球金融治理的挑战》,载《国际经济评论》2020年第5期。

④ 参见黄益平、黄卓:《中国的数字金融发展:现在与未来》,载《经济学(季刊)》2018年第4期。

用来描述应用高科技提供金融服务,这种金融服务起到与银行业提供的产品和服务相互竞争、互为补充的作用。金融稳定理事会在国际层面最早提出金融科技的概念,在其2016年发布的《金融科技的描述与分析框架报告》中对金融科技作出初步定义,指出金融科技是指通过技术手段推动金融创新的业务模式、技术应用及流程和产品,是在不改变传统金融核心业务逻辑和金融服务本质的前提下利用科技手段提升金融效率的方式。

数字金融与互联网金融的概念最为相关。2013年第2季度,在中国人民银行的《中国货币政策执行报告》与2014年《国务院政府工作报告》中引入了互联网金融的概念。关于互联网金融的本质与定义,狭义说认为,互联网金融是相对独立的业态。狭义说中又分为针锋相对的两种学说,即"新业态说"与"延伸说"。广义说认为,互联网金融是包含传统业务与新业务在内的一切与金融有关的业务活动。

狭义说中,"新业态说"认为,互联网金融是一种新金融业态,本质是金融,以互联网为渠道,不同于传统的金融业务。① 具体体现为,一是形态层面,金融互联网实现了金融脱媒,资金能够在第三方支付账户与银行卡账户中进行双向互转;二是技术层面,互联网金融并非对互联网技术的简单运用,而是需要基于"大数据"

① 参见杨东:《互联网金融监管体制探析》,载《中国金融》2014年第8期;陆岷峰、刘凤:《互联网金融背景下商业银行变与不变的选择》,载《南方金融》2014年第1期;贾甫、冯科:《当金融互联网遇上互联网金融:替代还是融合》,载《上海金融》2014年第2期;戴东红:《互联网金融与金融互联网的比较分析》,载《时代金融》2014年第6期。

"云计算"等前瞻性信息分析金融活动,是将互联网与金融深度融合创造出新的金融形态。[①]

狭义说中,"延伸说"认为,互联网企业和传统金融行业运用互联网技术进行金融服务的行为都称为互联网金融。互联网金融只是金融服务的提供方式和获取方式的改变,是直接融资和间接融资在互联网上的衍生,并非第三种金融模式,互联网金融以信息科技为基础的,传统金融机构也可以利用。[②]

总体来说,狭义说认为互联网金融具有金融功能链的作用,具有独立的生存空间,具有独立的投融资运行结构,形构新的金融模式,是对传统金融体系与商业运行模式的变革,对传统金融的运行结构、风险定义和风险管控带来挑战。

持广义说观点的学者认为,互联网金融是指应用互联网技术、平台和渠道从事的金融活动,是对金融渠道的创新,应从广义上理解互联网金融的金融本质,理解信息技术的进步为金融业带来的改变,互联网金融的本质是利用互联网和信息技术对金融信息的加工,传统金融机构利用互联网技术和信息通信技术实现资金融通、支付、投资和信息中介服务也属于互联网金融。[③] 狭义说与广义说都认可互联网金融是一种新型金融业务模式。

---

① 参见汪炜:《互联网金融:一场全新的金融技术革命》,载《浙商金融家》2013年第6期;吴晓求:《互联网金融的逻辑》,载《中国金融》2014年第3期。

② 参见闫庆明:《新金融发展对金融监管政策的挑战》,载《21世纪经济报道》,2013年7月29日。

③ 参见陈志武:《互联网金融到底有多新》,载《新金融》2014年第4期。

数字金融的概念与中国人民银行定义的互联网金融的概念[①]和金融稳定理事会定义的金融科技[②]的概念基本相似，是一种新型金融业务模式。数字金融泛指利用数字技术实现融资、支付、投资和其他新型金融业务模式，传统金融机构与互联网公司是业务主体。[③]

中国人民银行原副行长、中国金融学会执行副会长吴晓灵与经济学家、香港中文大学深圳高等金融研究院客座教授丁安华在观察平台公司介入金融活动的组织行为和特征后，提出了"平台金融"的概念，平台金融包括两类：第一类是传统金融机构对信息技术的运用；第二类是非金融机构介入金融业务。[④] 前者是金融数字化、信息化的过程，后者是科技公司参与金融活动的过程。平台金融是大数据金融的模式，又称平台金融模式。平台金融模式以大数据与平台为基础，整合了金融服务，凝聚了资金流、物流与信息流，企业资金在平台上融通的模式。[⑤] 大数据金融的主要

---

① 中国人民银行等十部委联合发布《关于促进互联网金融健康发展的指导意见》指出，互联网金融的形态包括互联网支付、网络借贷、股权众筹融资、互联网基金销售、互联网保险、互联网信托和互联网消费金融，划分了各个互联网金融形态的监管职能部门。根据该意见，互联网支付业务由人民银行负责监管，网络借贷由银监会负责监管，股权众筹融资业务由证监会负责监管。参见《关于促进互联网金融健康发展的指导意见》，载中国政府网2015年07月18日，http://www.cac.gov.cn/2015-07/18/c_1115966431.html。

② 金融科技，是通过技术手段推动金融创新，形成对金融市场、机构及金融服务产生重大影响的商业模式、技术应用、业务流程和创新产品。

③ 参见黄益平、黄卓：《中国的数字金融发展：现在与未来》，载《经济学（季刊）》2018年第4期。

④ 参见吴晓灵、丁安华等：《平台金融新时代：数据治理与监管变革》，中信集团出版社2021年版，第8页。

⑤ 参见武长梅、涂晟：《互联网金融监管基础理论研究》，中国政法大学出版社2016年版，第17页。

模式有 P2P 网贷模式、众筹融资模式、平台金融模式、供应链金融模式,以及信息化的金融机构等。

2. 数字金融的功能

国内对数字金融的研究主要集中在金融学和经济学领域。一些学者研究了数字金融对普惠金融的影响,发现数字金融所展示的最大的优势是支持普惠金融的发展。北大数字金融研究中心编制的数字普惠金融指数(2011~2015 年)为数字金融的相关研究提供了便利,基于该指数的第一期数据的多项研究发现数字普惠金融对传统金融机构和实体经济均产生了深远影响。数字金融的出现加强了金融产品和服务的有效分配,[①]显著促进了农村地区、中西部地区以及中低收入阶层家庭的居民消费,[②]农村生产性正规信贷需求概率降低,消费性正规信贷需求概率增加。[③]数字金融的金融服务会打破地域限制,缩减服务成本,促进其他商业和机构的支付服务和信贷扩展。[④]

一些学者对数字金融所涉业态的效果做出评价。数字金融以信息技术为支撑,可以减少信息不对称、降低交易成本和优化资源配置,[⑤]例如,P2P 网络借贷可以降低线下搜寻成本和匹配成

---

① 参见陈一明、温涛:《数字普惠金融能促进乡村产业发展吗——基于空间计量模型的分析》,载《农业技术经济》2023 年第 1 期。

② 参见杨玉文、张云霞:《数字普惠金融赋能共同富裕的机制与路径研究》,载《云南民族大学学报(哲学社会科学版)》2023 年第 1 期。

③ 参见马亚明、周璐:《基于双创视角的数字普惠金融促进乡村振兴路径与机制研究》,载《现代财经(天津财经大学学报)》2022 年第 2 期。

④ See Geach N. The Digital Divide, Financial Exclusion and Mobile Phone Technology: Two Problems, One Solution. University of Hertfordshire, Working Paper, 2007.

⑤ 参见谢平、邹传伟:《互联网金融模式研究》,载《金融研究》2012 年第 12 期。

本,众筹模式可以快速而广泛地获得资金支持,电商供应链金融能够提升中小企业的贷款获得率。①

早期国内对数字金融平台的研究集中在经济学领域,注重对数字金融对普惠金融的影响及模型构建方面的研究,法学领域的研究则比较少见。

(二)治理理论的研究评述

1.治理理论

"治理"不同于"管理",虽然两者都是具有共同目标导向的活动,但管理是指政府在法律上正式获得权威和监管权力来执行和实施活动,治理则指公共与私营部门中的行为。美国亚利桑那大学政府与公共政策学院教授、美国国家公共行政科学院院士柯克·爱默生提出了协作治理体制的概念,②治理鼓励公民自治,提供通过公民参与来发展共同利益的渠道,创造、执行并实施公民和组织的共同目标所支持的活动。治理中,公民或组织不一定具有正式权威和监管权力。世界银行对"治理"的界定是"决策和国家形式权威的过程和制度","善治"是治理力图达到的目标,要达到善治,就需要实现4个关键领域的包容与责任,分别是:(1)权威的选择、责任和更替;(2)制度、规则和资源管理的有效性;(3)尊重制度、法律;(4)公民社会、商业和政治中的

① 参见谢绚丽、沈艳等:《数字金融能促进创业吗?——来自中国的证据》,载《经济学(季刊)》2018年第4期。

② See Kirk Emerson, Tina Nabatchi and Stephen Balogh, *An Integrative Framework for Collaborative Governance*, 22 Journal of Public Administration Research and Theory 29 (2012).

参与者互动。将治理广泛地定义为“能够限制、规定并许可公共产品和服务供给的法律法规、司法裁决和行政实践”。这个定义为传统政府结构及新型的公共/私人决策方提供了空间。集体决策意味着治理并非个人作出决定,而是群体、组织或组织体系进行决策。治理适用于关于公共物品供给的法律法规,治理亦关乎集体决策,特别是包含公共和私人行为体在内的集体决策。①

2. 数字时代的“新治理理论”

20世纪60年代,面对世界出现的经济滞胀、环境污染加剧,社会保障弱化,失业情况日渐严重等问题,传统政府财政政策失灵,政府亟须转变行政职能以应对国际社会对政府改革的普遍与迫切的需求。在英国前首相撒切尔夫人与美国前总统里根的推动下,英美两国政府展开了发端于政府公共部门内部的改革,成为新公共管理运动的开端。新公共管理运动的核心理论是主张政府的灵活性、透明度、去官僚化,强调最小政府,提出权力下放的观点,主张政府应当通过市场化与私有化的方式强化公共服务职能,推动公共服务多元化,为社会提供优质高效的公共服务。

20世纪末,国内外学术界逐渐意识到数字时代治理的特殊性。英国伦敦政治经济学院公共管理教授、政府改革与治理领域专家迈克尔·巴泽雷指出,“新公共管理学派”的治理理念已占据20年的统治地位,对西方国家产生了一定影响,又扩展至日本、印

---

① 参见王浦劬、臧雷振编译:《治理理论与实践:经典议题研究新解》,中央编译出版社2017年版,第368页。

度等国家,[①]但是受到数字时代的冲击,“新公共管理学派”已经进入中年时代并产生了副作用。[②] 美国学者丽莎·布洛姆格伦·宾厄姆提出的“新治理理论”是由利益相关方和公民参与的新型治理模式,[③]美国行政科学院院士、美国雪城大学教授蒂纳·娜芭齐和罗斯玛丽·奥利里进一步指出,新型治理与治理手段的创造者、使用者及其参与政府工作的过程有关。[④]

法国经济学家让·雅克·拉丰、让·梯诺尔[⑤]在新治理理论的框架下提出双边市场理论并因此获得诺贝尔经济学奖,经济学界开始关注平台制及其治理。协同治理是新治理理论的代表性观点。协同治理是主张破除传统管理模式对政府的高度依赖,代之多中心的管理,体现出国家在社会治理中的角色转变。[⑥] 加州大学伯克利分校政治学教授克里斯·安塞尔与艾莉森·加什指出,协同治理是一个或多个公共机构直接与非政府利益相关方进

---

① See Barzelay, Michael, *The New Public Management*: *Improving Research and Policy Dialogue*, Berkeley: University of Califonia Press, p. 84(2008).

② See Hood and Peters: Regulation in Government, *Has it Increased*, *is it Increasing*, *and Should it be Diminished*?, 78(2) Public Administration 284(2004).

③ See Bingham, Lisa B., Charles R. Wise, *The Administrative Dispute Resolution Act of* 1990: *How do We Evaluate Its Success*, 6(3) Journal of Public Administration, Research, and Theory 383(1996).

④ See Tina Nabatchihe, Rosemary O'Leary, *The New Gvernance*: *Practices and Processes for Stakehmmolder and Citizen Practicipation in the Work of Government*, 65(5) Public Administration Review 547(2005).

⑤ 参见[法]让·雅克·拉丰、[法]让·梯诺尔:《电信竞争》,胡汉辉、刘怀德、罗亮译,中国人民大学出版社2017年版,第78页。

⑥ See Samuel Bowles, Microeconomics, *Behavior*, *Institutions*, *and Evolution*, Princeton University Press, 2004, p. 473-501.

行正式的、共识导向的和协商的集体决策,旨在制定或执行公共政策或是管理公共项目或资产。[①] 对平台的协同治理旨在取代单一政策制定、实施对立(adversarial)和管理模式,是监管(regulation)高成本和政治化的替代选项。近20年来,国内外有关治理模式的研究由网络治理逐渐向协同治理过渡,并基本形成对后者广泛的学术认同。协同治理的概念有"多伙伴治理",如"国家+私营部门+公民社会+社区"多种关系的组合与合作选择,再如公私伙伴关系、私人与社会伙伴关系,以及共同管理制度等协同政府(joined-up government)和混合安排形式。这是管理理论向治理理论的范式的转变。

国内的文献研究成果将协同治理模式均认可自我规制与政府规制的"合作治理"模式。学者们提出的治理模式有"合作监管+自律监管"的混合治理模式,[②]"自我规制+政府后设规制相补充"的公私合作式治理[③]以及"行业自治+政府保障"的治理模式。[④] 国内学者将治理观念置入社会主义在中国历史演进的大背景,梳理中国历届领导人法治思想的主要内容,提出党的领导下的法律治理的概念。[⑤] 实行治理新模式并非摒弃传统模式,而是

---

① See Chris Ansell, Alison Gash, *Collaborative Governance in Theory and Practice*, 18, No. 4 Journal of Public Administration Research and Theory 543(2008).

② 参见唐清利:《共享经济的混合规制路径:合作监管+自律监管》,载《领导科学》2017年第13期。

③ 参见高秦伟:《社会自我规制与行政法的任务》,载《中国法学》2015年第5期。

④ 参见宋亚辉:《风险立法的公私法融合与体系化构造》,载《法商研究》2021年第3期。

⑤ 参见李墨:《法律治理观念源考》,中国书籍出版社2020年版,第195页。

探索符合中国国情的多式合力。

(三)数字金融平台协同治理的研究评述

1.数字平台的金融风险与治理

互联网金融的系统性风险呈现出"太多连接而不能倒"以及"太快而不能倒"的新的表现形式,[①]有人强调要关注平台大而不能倒的风险,平台权力在扩张的同时产生异化,因此呼唤平台监管。[②] 数字金融虽然降低了因信息不对称而产生的交易成本和违约风险,[③]但又增大了因数据不对称带来的数据风险,[④]人工智能的运用在改变生产方式与生活方式的同时也产生了伦理危机,需要调整传统法律制度的规制理念。[⑤]

2014 年的"棱镜门"事件引发公众对企业商业秘密、政府机构信息和个人隐私受到严重安全威胁的关注,推动各国政府在网络治理中关注互联网安全,建立全球网络新秩序。电子货币与虚拟货币成为数字金融新形态的延伸,2008 年比特币的发行被视为"区块链革命"的开端。2019 年脸书(facebook)推出数字货币利

---

① 参见许多奇:《互联网金融风险的社会特性与监管创新》,载《法学研究》2018 年第 12 期。

② 参见王志鹏、张祥建、涂景一:《大数据时代平台权力的扩张与异化》,载《江西社会科学》2016 年第 5 期。

③ 参见付争、王皓:《竞争还是竞合:数字金融赋能下金融包容与银行体系发展》,载《国际金融研究》2021 年第 1 期。

④ 参见王作功、李慧洋、孙璐璐:《数字金融的发展与治理:从信息不对称到数据不对称》,载《金融理论与实践》2019 年第 12 期。

⑤ 参见郑智航:《人工智能算法的伦理危机与法律规制》,载《法律科学(西北政法大学学报)》2021 年第 1 期。

布拉(Libra)[①],其在与各国监管环境的相容性、数据隐私和安全方面的隐患、商业模式的可持续性、对主权货币发行与创造机制的影响以及对中央银行宏观经济金融调控能力形成的冲击具有巨大的不确定性。[②] 鉴于数字金融创新进入货币层面后风险的不确定性,监管机构对数字货币的监管立场存在较大差异。根据中国人民银行等七部门于2017年9月4日发布的《关于防范代币发行融资风险的公告》和中国互联网金融协会等于2021年5月发布的《关于防范虚拟货币交易炒作风险的公告》,在金融安全需求与金融风险防范的共同作用下,中国于2019年开展数字人民币试点,并根据中国人民银行等七部门于2017年9月4日发布的《关于防范代币发行融资风险的公告》和中国互联网金融协会等2021年5月发布的《关于防范虚拟货币交易炒作风险的公告》对私营加密货币严加管理。中国是推行法定数字货币最积极、对加密货币监管最严格的国家之一。[③]

2. 数字金融平台反垄断与治理

平台企业滥用市场力量开展竞争引起世界各国的理论研究者和政策制定者的关注。有人认为,数字金融平台已经成为消费者日常行为和社会关系的媒介,数字金融平台是基于互联网技术支持金融服务和交互的平台,提出基于数字金融平台的"平台化

① 后于2020年12月1日正式更名为"迪姆(diem)"。

② 参见杨晓晨、张明:《Libra:概念原理、潜在影响及其与中国版数字货币的比较》,载《金融评论》2019年第4期。

③ 参见董柞壮:《货币、金融安全与全球金融治理》,载《外交评论(外交学院学报)》2022年第4期。

货币生态系统"(Platformed Money Ecosystem)的概念。① 基于人工智能技术、大数据和云计算的新兴产业在技术创新时引发大量的社会安全与伦理问题,应当将数字平台纳入合作规制,建议引入国外理论提出敏捷治理的治理框架。②

在数字金融平台治理策略的设计上,陈永伟提出根据平台的具体难题性质划分政府管制和平台治理的边界。③ 刘金瑞提出区分一般信息系统和关键基础设施、区分公共部门和私营部门来设计监管框架;④时建中、马栋提出包容审慎的反垄断原则,主张厘清平台自治和政府监管的界限,在平台失灵的部分进行合理有效的干预。⑤ 郑岩认为,当前个人金融数据风险监管在立法和制度方面都存在困境,应在明确监管机构的职责与权限、转变监管理念、加强监管机构之间的分工与协作、完善责任追究机制等方面不断完善。⑥ 马泰成通过研判国外案例探讨美国法与欧盟法对于

---

① Ekpo, A. E., Drenten, J., Albinsson, P. A., Anong, S., Appau, S., Chatterjee, L., Dadzie, C. A., Echelbarger, M., Muldrow, A., Ross, S. M., Santana, S., & Weinberger, M. F. (2022). *The Platformed Money Ecosystem: Digital Financial Platforms, Datafication, and Reimagining Financial Well-Being*, 56 (3) Journal of Consumer Affairs 1062, https://doi.org/10.1111/joca.12458.

② 参见薛澜、赵静:《走向敏捷治理:新兴产业发展与监管模式探究》,载《中国行政管理》2019 年第 8 期。

③ 参见陈永伟:《平台反垄断问题再思考:"企业—市场二重性"视角的分析》,载《竞争政策研究》2018 年第 5 期。

④ 参见刘金瑞:《我国网络关键基础设施立法的基本思路和制度建构》,载《环球法律评论》2016 年第 5 期。

⑤ 参见时建中、马栋:《双重身份视角下平台自治与反垄断监管的界限》,载《竞争政策研究》2020 年第 4 期。

⑥ 参见郑岩:《数字金融背景下个人金融数据风险监管问题》,载《沈阳师范大学学报(社会科学版)》2021 年第 2 期。

价格挤压规范之本质与异同,提出前者倾向自由放任,后者倾向以管制维护公平。[①] 虽然当前对于数据权属仍然有诸多争议,但学术界一致认可的观点是,数据已经成为数据经济的重要生产要素和企业之间竞相争夺的战略资源。[②] 当前,我国数据法律规范严重滞后于数据产业的发展,引发诸多纠纷。数据垄断、数据隐私保护的问题受到越来越多学者的关注。范思博认为,个人金融数据跨境流动规则主要来自金融监管部门和网信部门的规章。[③] 吴江羽指出,监管科技的运用应当建立在对数据的收集和分析之上,并提出应当构建金融数据监管的法律框架。[④] 金耀提出,构建数据许可合同的专门立法作为我国数据治理的路径,将消费者数据利益保护作为合同立法的重点。[⑤]

数字金融正在颠覆传统货币与传统金融,数字货币具备的不同程度的去中心化特征改变了传统中心化金融的安全逻辑,在降低交易安全成本的同时容易引发新的安全风险。[⑥] 中国于2019年开展数字人民币试点,同时对私营加密货币实施严格监管。国

---

① 参见马泰成:《差别取价与价格挤压:美国法与欧陆法之比较》,载《竞争政策研究》2020年第6期。

② 参见金耀:《数据治理法律路径的反思与转进》,载《法律科学(西北政法大学学报)》2020年第2期。

③ 参见范思博:《个人金融数据跨境流动的治理研究》,载《重庆大学学报(社会科学版)》2021年第7期。

④ 参见吴江羽:《金融科技背景下金融数据监管法律框架构建》,载《西南金融》2020年第11期。

⑤ 参见金耀:《数据治理法律路径的反思与转进》,载《法律科学(西北政法大学学报)》2020年第2期。

⑥ 参见董柞壮:《数字货币、金融安全与全球金融治理》,载《外交评论(外交学院学报)》2022年第4期。

际视野,从区块链技术角度来看,针对以比特币为代表的非中心结算,传统监管措施和监管思路难以有效监管。

数字金融崛起带来的众多风险与挑战是技术性因素作用于传统金融体系的必然结果,①完善数字金融治理手段、提升政府数据治理能力是全面提升国家治理能力的重要环节。②

数字平台反垄断治理策略方面,传统监管的滞后和局限导致资本无序扩张,政府应加强反垄断监管和金融监管的协同合作、外部强制监管与平台合规自律相向而行。③ 我国消费者权益保护相关法规不足以规制大数据垄断带来的不足,应当优先适用《反垄断法》对数据垄断予以规制,④另外一些学者则认为法律框架应当更多利用消费者保护制度保护数据隐私,⑤大数据对市场力量的影响必须结合数据特征,根据企业所涉及的平台类型、网络效应特征、多宿主等情况进行分类分析。⑥ 监管科技如何跟上数字金融创新的步伐从而提高监管效率,⑦是当下各国政府面临的重

---

① 参见王达、[美]高登·博德纳:《主权债券泡沫、美元依赖性与数字金融对全球金融治理的挑战》,载《国际经济评论》2020 年第 5 期。

② 参见孙友晋、王思轩:《数字金融的技术治理:风险、挑战与监管机制创新——以基于区块链的非中心结算体系为例》,载《电子政务》2020 年第 11 期。

③ 参见孙晋:《互联网金融平台传统监管的局限与法治化改革》,载《华东政法大学学报》2023 年第 1 期。

④ 参见曾彩霞、尤建新:《大数据垄断对相关市场竞争挑战与规制:基于文献的研究》,载《中国价格监管与反垄断》2017 年第 6 期。

⑤ 参见丁晓东:《论数据垄断:大数据视野下反垄断的法理思考》,载《东方法学》2021 年第 3 期。

⑥ 参见崔海燕:《大数据时代"数据垄断"行为对我国反垄断法的挑战》,载《中国价格监管与反垄断》2020 年第 1 期。

⑦ IMF and World Bank, *Fintech*: *The Experience So Far*, Policy Brief, June 27, 2019.

要课题。

数字金融平台具有“数据垄断”优势,[①]我国互联网金融平台垄断普遍处于较高水平,垄断与社会福利损失存在较为显著的单向作用机制,[②]需要加快制定完善的数据法律法规,构建数字普惠金融适当性服务体系,加强交易平台、平台用户与公众间的风险沟通,建立自律规则治理机制。[③] 白让让梳理了欧盟和美国竞争政策执法机构在规制主导企业滥用市场势力时所遵循法理、规则和救济之异同,从竞争政策与产业政策的角度提出了改变我国竞争政策执法滞后的建议。[④] 不同地区的监管认知、监管强度和标准截然不同可能导致 P2P 网贷的监管套利,[⑤]宜根据风险外溢范围将央地分权模式分成垂直监管、分城施策和混合监管模式。[⑥]数字平台企业治理面临数据的要素化挑战,正确的治理逻辑应该是充分运用数字平台企业的组织特征与竞争优势,促进分配公平,进而促进社会公平。[⑦] 对大数据的治理宜采用反垄断法为主,

---

① 参见王作功、李慧洋、孙璐璐:《数字金融的发展与治理:从信息不对称到数据不对称》,载《金融理论与实践》2019 年第 12 期。

② 参见胡英杰、陈伟、郝云宏:《互联网金融平台垄断形成、演化与社会福利损失》,载《中国软科学》2023 年第 1 期。

③ 参见肖梦黎:《平台型企业的权力生成与规制选择研究》,载《河北法学》2020 年第 10 期。

④ 参见白让让:《竞争政策执法:保护还是抑制企业创新?——“谷歌比较购物案”引发的理论分歧及对中国的启示》,载《人文杂志》2020 年第 12 期。

⑤ 参见郭峰:《金融央地关系视角下的 P2P 网络借贷监管》,载《新金融评论》2016 年第 4 期。

⑥ 参见林玮、李思佳:《数字金融监管中的空间外部性与央地分权选择》,载《浙江社会科学》2020 年第 1 期。

⑦ 参见邱泽奇:《数字平台企业的组织特征与治理创新方向》,载《学术前沿》2021 年第 21 期。

其他法律为辅的综合规制路径，促进大数据市场的有序竞争，[①]针对算法偏见与算法歧视带来的不利益则应采取个人、算法部署者和监管机构参与的多元协作规制模式。[②]

在网络社会时代的协同治理中，平台企业与社会组织也需要承担实现政策目标的责任。学者们在平台生态下协同治理模式的构建方面达成了具有前瞻性的研究共识。主要体现在，一是法律与技术的二元共治模式。网络时代的治理需要发挥国家立法、社会规范、市场机制和代码架构的组合优势，提升中国网络治理水平需要法律治理与技术治理的二元共治，[③]要注重技术与法律监管的并重。[④] 二是塑造司法与监管的协同治理模式。应当构建金融司法与金融监管的协同治理机制，在司法认可并尊重金融监管规则的基础上实现金融司法与金融监管对金融风险的协同治理，[⑤]开启智能司法。[⑥] 三是政府，平台、公众的多元主体的共治模式，[⑦]2014 年 4 月联合国高峰会议上提出"多利益相关方"治理

① 参见杜小奇：《多元协作框架下算法的规制》，载《河北法学》2019 年第 12 期。

② 参见殷继国：《大数据市场反垄断规制的理论逻辑与基本路径》，载《政治与法律》2019 年第 10 期。

③ 参见郑智航：《网络社会法律治理与技术治理的二元共治》，载《中国法学》2018 年第 2 期。

④ 参见刘金瑞：《数据财产保护的权利进路初探》，载《中国信息安全》2017 年第 12 期。

⑤ 参见鲁篱：《论金融司法与金融监管的协同治理机制》，载《中国法学》2021 年第 2 期。

⑥ 参见朱新力、吴欢：《"互联网 +"时代的法治政府建设革新》，载《人民法治》2015 年第 12 期。

⑦ 参见赵玉林：《构建我国互联网多元治理模式——匡正互联网服务商参与网络治理的"四大乱象"》，载《中国行政管理》2015 年第 1 期；付士成、郭婧滢：《社交媒体治理视角下的互联网法律监管与行业自治》，载《天津法学》2017 年第 3 期。

模式，[①]指出参与网络治理的主体是所有利益相关方、非政府组织和政府。四是分层治理模式，由政府管平台，平台管从业者。[②]

网络金融行业尤其要重视社会自我规制即自律的作用，强调行政法规范与私法规范的衔接和协调，[③]在网络治理过程中需要对政府的角色重新定位，提出弱化政府管控、强化权利保障的主张，[④]算法时代要防止行政裁量权被滥用，保证风险分配的程序正义，[⑤]发挥行政治理、社会治理和市场治理各自的优势，实现三种机制合理的相互嵌入和良性互动，以取得更好的平台治理成效。

我国学者对竞争与监管关系的研究一般集中在竞争政策与产业政策的优先适用性问题上，[⑥]最近5年里，国内学者开始关注并重视传统监管体系和监管治理手段与当下数字经济的发展要

---

① 参见王欣：《全球互联网治理大会热议“多利益相关方模式”原则》，载中央政府门户网站2014年4月25日，http://www.gov.cn/xinwen/2014-04/25/content_2666341.html。

② 参见王敬波：《互联网时代法治政府建设的革新之路》，载《人民论坛》2017年第15期。

③ 参见高秦伟：《社会自我规制与行政法的任务》，载《中国法学》2015年第5期。

④ 参见郑智航：《网络社会中传统主权模式的消解与重构》，载《国家检察学院学报》2018年第5期。

⑤ 参见季卫东：《探讨数字时代法律程序的意义——聚焦风险防控行政的算法独裁与程序公正》，载《中国政法大学学报》2023年第1期。

⑥ 参见石俊华：《论反垄断法实施后我国产业政策与竞争政策的协调》，载《云南社会科学》2009年第1期；王先林、丁国峰：《反垄断法实施中对竞争政策与产业政策的协调》，载《法学》2010年第9期；许昆林：《逐步确立竞争政策的基础性地位》，载《价格理论与实践》2013年第10期；于良春、张伟：《产业政策与竞争政策的关系与协调问题研究》，载《中国物价》2013年第9期；王志强、陆夏：《试论反垄断政策与产业政策的协调途径》，载《价格理论与实践》2014年第11期；孟雁北：《我国反垄断执法机构与政府产业规制部门的关系》，载《中国人民大学学报》2015年第2期；李黎：《浅议产业扶持措施与竞争政策实施》，载《中国工商管理研究》2014年第9期。

求不相适应的问题,[①]金融监管机构和反垄断机构之间应当采用协调互助的权力配置类型,以平台分类分级为基础,实现精准治理。[②]

(四)文献评述

早期经济学研究注重数字金融对普惠金融的影响及模型构建方面的研究,早期的研究表明,竞争市场的形成带来消费者福利的增加促进了整个社会的金融福利,主要体现在三个方面,一是通过金融创新提升金融效率,通过技术创新提升竞争力;二是运用大数据分析技术降低金融排异,整合海量碎片金融信息,增加消费者福利;三是增加金融便利,通过金融场景平台化实现人群覆盖。随着互联网平台经营模式向金融领域的深度渗透,对大型互联网平台的监管成为实务界与理论界共同关注的重点。现有研究对数字经济平台垄断行为的新现象从反垄断法律构建的视角展开研究,关注经济产业政策与竞争政策之间的关系,从平台共治的角度提出协同治理建议。

上述研究对我国数字金融及治理模式的探讨对本书的展开具有相当意义,相关理论成果也构成了本书研究的基础所在,但在笔者看来,上述研究还存在以下不足:一是对数字金融平台垄

① 孙晋:《数字平台的反垄断监管》,载《中国社会科学》2021年第5期;刘权:《数字经济视域下包容审慎监管的法治逻辑》,载《法学研究》2022年第4期;沈伟:《金融创新三元悖论和金融科技监管困局:以风险为原点的规制展开》,载《中国法律评论》2022年第2期。

② 孙晋:《互联网金融平台传统监管的局限与法治化改革》,载《华东政法大学学报》2023年第1期。

断行为的关注不足,对数字金融平台的反垄断特性缺乏深入和细致的剖析;二是对现有的数字金融平台的反垄断治理模式的优劣缺乏系统的梳理和揭示;三是现有研究主要关注反垄断执法机构之间的内部冲突,缺少对金融监管机构与反垄断执法机构之间的关系研究,对于如何协同金融监管和反垄断监管的关系缺乏理论的系统研判。这些内容将成为本书研究的重点和创新点所在。

第一章　数字金融平台垄断行为实践样态分析

数字金融平台在自由竞争的市场环境与宽松的政策环境的支持下快速发展，促成竞争性市场的形成，提升了社会整体福利。但与此同时，资本的逐利性令数字金融平台的竞争行为逐渐异化，垄断风险的产生对公平竞争的市场秩序造成难以恢复的破坏。随着我国金融市场化的速度加快，市场中的金融化程度不断加深，我国的数字金融体系依托平台在数字化的虚拟空间中展业，形成相对独立的运行空间，在创新中衍生出了一个具有新特性的自我运行体系。但金融体系的根基是实体经济，一切金融交易的结果依然会作用与回归实体经济，因此数字金融反垄断治理需要抓住实体层面的数字金融平台运营主体的特性，观测真实社会环境下数字金融平台垄断行为的实践样态，为创新反垄断治理方式以实现反垄断效果做准备。

本章首先界定数字金融平台的概念与类型,揭示数字金融平台在竞争环境中的特性,其次从反垄断法视角切入,将数字金融平台的垄断行为作为考察对象,观测数字金融平台市场的运作情况,梳理数字金融平台的垄断表现,归纳数字金融平台领域的垄断形态,剖析数字金融平台垄断行为的成因,研判数字金融平台垄断行为的特性,对数字金融平台垄断行为区别于其他行业垄断行为的特殊之处予以了探讨。

一、数字金融平台的基本范畴界定

(一)数字金融平台的范围

"脱离现实的知识是没有意义的,就像脱离现实的社会经验是没有实际效力一样。"①对"数字金融"的内涵与外延进行探讨与研判,根本目的在于正确认识行业特点后明确对其进行监管的路径。如果"数字金融"是一种区别于互联网金融的新业态,与传统金融模式有本质区别,那么将原有监管规则直接照搬套用在新的金融业态上就是不合逻辑的,需要探讨与建立全新的监管框架;②如若数字金融是互联网金融的延伸,那么需要做的则是在研判现有监管规则不足与缺失的前提下对监管体系进行改造与优化,令其符合数字金融平台的特性,形成一个与时俱进的监管体

① 强世功:《法制与治理——国家转型中的法律》,中国政法大学出版社 2003 年版,第 77 页。

② 参见武长梅、涂晟:《互联网金融监管基础理论研究》,中国政法大学出版社 2016 年版,第 8 页。

系。由此可见,明确数字金融平台的范围、类型与特性,对明确监管目标与监管原则,合理确定监管模式与监管规则,防范监管偏差具有至关重要的意义。金融与经济唇齿相依,经济是金融的基础,经济发展情况决定了金融发展的结构、阶段与层次。数字金融伴生于数字经济,按照国家统计局的定义,数字经济是在以信息通信技术有效使用的基础上,为效率提升和经济结构优化提供推动力的一系列经济活动。① 在此基础上学者们对数字金融展开研究。

现有研究对数字金融的定义以广义说与狭义说为常见。广义说又分为传统业态说与新业态说,其中,传统业态说认为,数字金融由过去的互联网金融发展而来,数字金融是指通过互联网及信息技术手段,与传统金融服务业态相结合的新一代金融服务。这种观点将数字金融的演进脉络与互联网金融联系起来,有的学者则直接指出数字金融就是过去的互联网金融,是互联网金融在数字时代的形态体现。较具代表性的观点如经济学家黄益平、黄卓②指出,数字金融泛指传统金融机构与互联网公司利用数字技术实现融资、支付、投资和其他新型金融业务模式。黄卓③在其文

① 参见国家统计局发布的《数字经济及其核心产业统计分类(2021)》三,第3页。

② 参见黄益平、黄卓:《中国的数字金融发展:现在与未来》,载《经济学(季刊)》2018年第4期。

③ 如黄卓指出:"依托先进的数字技术、庞大的客户群体,以及数字金融、数字生活服务等对消费者形成的强大合力和黏性,平台企业在原有数字支付、消费信贷、理财、保险等业务的基础上不断扩大业务范围,第三方出行、饮食、医疗、娱乐等服务也被纳入平台中,最终实现了金融、消费、医疗、科技等领域的全覆盖。此外,平台企业在追求自身发展的同时,还与包括消费者、商户、金融机构、第三方服务商等在内的平台参与者共同发展,逐渐形成了数字金融科技生态。"黄卓:《中国数字金融平台的创新发展与治理》,中信出版社2022年版,第89页。

章与会议发言中均以数字金融统摄第三方支付、消费信贷等各类平台的金融行为。李友星等[①]认为"数字金融"是技术进步条件下大数据、人工智能等高精尖数字技术与金融的结合。国内具有影响力的财经媒体也持这种观点,"数字金融平台也叫金融科技平台,是以数字技术为核心来提供金融服务,或者赋能金融服务的一些平台型的互联网科技企业或者金融机构"。[②] 易观智库在其发布的产业结构分类中认为"数字金融包括互联网支付、移动支付、网上银行、金融服务外包及网上贷款、网上保险、网上基金等金融服务"。[③] 中国人民大学金融科技研究所转载的文章也将数字金融平台定义为基于互联网的技术(如应用程序或网站),支持金融服务和交互的中介。[④]

狭义说将互联网金融与数字金融区分为两种不同的产业结构,如国家统计局2021年发布的《数字经济及其核心产业统计分类(2021)》从"数字产业化"和"产业数字化"的角度区分数字经济的范围,并界分互联网金融与数字金融,指出互联网金融属于数字产业化的范畴,包括网络借贷服务、非金融机构支付服务、金融信息服务;数字金融则属于产业数字化的范畴,具体指银行金

---

① 参见李友星、潘政、侯凌霄:《论数字金融的法治化建设——"数字金融法治建设的理论及实践"高端论坛综述》,载《法治研究》2019年第2期。

② 该观点出自中国新闻社旗下媒体中新经纬网络媒体题为《黄卓:数字金融平台如何支持实体经济》的报道,参见《黄卓:数字金融平台如何支持实体经济?》,载《中新经纬》2022年8月1日,https://baijiahao.baidu.com/s?id=1739953643201954999&wfr=spider&for=pc。

③ 参见2022年《易观智库:2022年产业结构分类报告》。

④ 见人大金融科技研究所公众号:Akon E. Ekpo,Jenna Drenten,Pia A. 等:平台化货币生态系统:数字金融平台、数据化和金融福祉重新构想,2022年12月2日。

融服务、数字资本市场服务、互联网保险和其他数字金融（指上述未列明的其他金融业）4 个方面，不包括典当、网络借贷服务、非金融机构支付服务和金融信息服务。

数字金融在我国还处于研究的起步阶段，有关数字金融各类概念与基础理论的研究在积极研究与探索中，不少基础理论研究国际国内都还存在争议。因此学者对相关概念的认知也呈现出阶段性变化，也将随着经济金融的发展推进而不断完善。从比较法视角，互联网金融突出从事金融业务的主体为互联网公司，金融科技强调金融的技术特性，[①]数字金融则更加强调金融的技术特征，强调金融科技公司基于大数据特点拥有的超强的算法能力，是金融科技公司在不断进化之后进入平台金融时代的产物。数字金融以数据要素为驱动，以数据资源为关键生产要素，平台是数字金融的最重要的组织形式，是数字金融的载体。本书对数字金融的概念采广义理解，认为数字金融是互联网金融发展到新的阶段的产物，是将互联网信息技术与传统金融服务相结合的金融服务新形态。例如，在技术层面体现为对数字金融发展起到关键作用的 5G 移动通讯技术、以机器学习和深度学习为代表的人工智能技术、区块链、分布式存储以及云计算等；在金融产品和服务创新方面则表现为移动支付、网络借贷（如众筹和点对点融资）以及数字货币。

本书所称的数字金融平台，是以数字要素为驱动，以互联网平台为载体，为产业数字化发展提供互联网金融技术、产品、服

① 参见黄益平、黄卓：《中国的数字金融发展：现在与未来》，载《经济学（季刊）》2018 年第 4 期。

务、基础设施和解决方案的互联网金融服务活动的平台型企业，完全依赖于数字技术、数据要素的提供，按照业务类分为网络借贷服务平台、非金融机构支付服务平台和金融信息服务平台。本书所指的数字金融平台是互联网技术发展到4.0阶段以数字技术为手段，以数据和信息为核心，以网络平台为业务开展载体，提供或赋能金融服务的平台型互联网科技企业或金融机构。需要说明的是，我国央行发行的数字人民币不是虚拟货币，不能作为金融产品进行买卖流通，不属于本书中数字金融反垄断的研究对象。其次，中国人民银行于2013年12月5日发布的《关于防范比特币风险的通知》和2021年9月发布的《关于进一步防范和处置虚拟货币交易炒作风险的通知》的规定，比特币不是法定货币，各金融机构和支付机构不得直接或间接开展与比特币、莱特币等相关业务，投资者不得投资虚拟货币，因此本书对中国数字金融平台的反垄断治理研究不涉及虚拟货币。

（二）数字金融平台的类型

1. 功能维度的类型化界定

根据平台功能的不同进行类型化界定，结合我国平台发展现状，依照2021年10月29日市场监督管理总局发布的《互联网平台分类分级指南（征求意见稿）》中根据平台连接对象和主要功能作出的分类，本书所指的数字金融平台包括但不限于以下5种类型。①

---

① 《互联网平台分类分级指南（征求意见稿）》的这种分类方式为金融业务模式的创新留下制度空间。

第一类是综合金融服务类平台,即专门或者主要从事为小微企业和个人消费者提供普惠金融服务等的综合平台。

第二类是支付结算类平台,即专门或者主要从事互联网支付、移动电话支付等的支付服务平台。支付结算类平台在收付款人之间作为中介机构提供资金转移服务,包括第三方支付机构从事的互联网支付、预付卡的发行预受理、银行卡收单以及中国人民银行确定的其他支付等服务,代表性公司有支付宝、财付通、银联商务、快钱、拉卡拉等。

第三类是消费金融类平台,即专门或者主要从事向消费者提供消费贷款的现代金融服务平台。如网络小贷平台是平台中介机构将个人投入平台的资金贷给其他主体,典型代表企业如陆金所、有利网。众筹融资模式是由众筹平台自建网络平台,由项目发起人发起资金需求向网友募集的行为模式。电商小贷平台利用电商平台积累的数据完成小额贷款需求的信用审核并发放贷款,典型企业代表如阿里小贷、腾讯小贷等。网贷模式与众筹模式的引入和第三方支付几乎处于同一时期,网贷平台在国内的崛起填补了传统银行对中小企业的融资空白,代表性的网贷平台有成立最早的拍拍贷,有平安银行背景的陆金所,还有资金实力较为雄厚的红岭创投和人人贷等。

第四类是金融资讯类平台,即专门或者主要从事为用户提供行情报价、金融数据、财经信息、分析工具、组合管理等业务的综合性金融资讯平台。金融信息服务平台,指向从事金融分析、金融交易、金融决策或者其他金融活动的用户提供可能影响金融市场的信息(或者金融数据)的服务平台。金融信息服务平台的主要形式有互联网金融门户,大数据金融平台和金融征信机构。金融门户主要为投资人提供专业的行业资讯信息和优质的金融产品,用户可以在金融门户中了解到更多关于行业的新闻和产品。较具代表性的互联网金融门户有网贷之家、91 金融超市、银率网、融 360 等金融平台,大数据金融公司依靠对用户数据的采集能力和分析能力进行运营,代表性平台有阿里小贷、京东金融、百度理财、腾讯理财、网易理财等。

第五类是证券投资类平台,即专门或者主要从事为金融机构提供整体的互联网技术解决方案和服务、为个人投资者提供财富管理工具等的金融服务平台。

2. 平台维度的类型化界定

于立指出,双边市场的平台分为集市型平台(marketplace)与转售型平台(reseller)。[①] 所谓集市型平台,是指平台只提供买卖双方的交易中介服务,不获得商品所有权,交易涉及的权利、义务和责任由买卖双方承担,平台只提供交易场所,由买家与卖家来此地进行交易。转售型平台是指,平台购入商品所有权以后转卖给消费者,平台扮演经销商角色。于立进一步提出,所有的融资中介都可以被视为由投资者和融资者构成的双边市场,商业银行可以被认为是资金使用权的转售者平台,资本市场可以看作进入门槛很高的资金使用权的集市型平台。数字金融平台按照平台双边市场的特性作出集市型平台与转售型平台的进一步划分,见表 1 – 1。

---

① 参见于立:《互联网经济学与竞争政策》,商务印书馆 2020 年版,第 355 ~ 356 页。

表 1－1　数字金融平台的类型(按照双边市场的性质界分)

行业类型		集市型平台(代表性平台)	转售型平台(代表性平台)
银行卡组织		维萨卡,万事达卡	美国运通卡
线上融资平台		P2P 网络借贷平台、股权众筹平台	线上小额贷款平台("借呗""白条""微粒贷")
支付类综合型平台	电子商务型[1]	阿里巴巴、拼多多	京东自营、唯品会自营
	视频网站型	哔哩哔哩	爱奇艺
	非银行支付平台	支付宝、微信支付、拉卡拉	
金融资讯类平台		网贷之家、91 金融超市	百度理财、腾讯理财

〔1〕这里的"支付类综合型平台——电子商务型"是指以电子商务平台为主要经营模式,同时又拥有一种或多种金融牌照,能够从事金融业务,例如,表中代表性平台均持有支付牌照。这些平台是否应当划为数字金融平台还要根据其投资主体以及现行法律对投资者穿透式监管的程度与具体规则进行进一步判断。由于此处只为更好地识别综合型平台中集市型与转售型的表现,因此这里不做进一步分析。"支付类综合型平台——视频网站型"也是如此。另外,虽然这里列举的只是代表性平台,但并非所有的互联网平台企业都会被纳入"支付类综合型平台"成为这里定义的数字金融平台的类型,例如网约车平台如滴滴打车可以被划分为集市型平台,神州专车可以被划分为转售型平台,但由于其借助其他支付渠道,因而两者均不属于这里的数字金融平台的范畴。

数字技术下涌现了大量的集市型金融平台,例如网络借贷平台、股权众筹平台,再如支付宝与微信支付都在其支付平台上综合布局了各类生活场景式的服务应用,平台只提供场所,由场所中的卖家与买家自由交易,这些平台是在传统的点对点交易成本与平台监督规制成本居高不下的情况下难以出现的。表 1－1 中,京东"白条"是京东金融的产品,其本质是小额贷款。京东白条的最高授信额度为 15,000 元,部分用户的白条具有现金支取功能,可支取白条金额使用;"花呗"是蚂蚁金服旗下的产品,不能提取现金,最高授信额度为 5 万元;"任性付"是苏宁消费金融有限公司推出的消费金融小额贷款产品,额度为5万元。"花呗""白条""任性付"等产品的功能类似于银行发行的信用卡,"借呗""金条""微粒贷"等产品的功能则类似于银行提供的小额贷款。

万事达卡与运通卡在地域上都属于美国的卡组织。20世纪中期,美国信用卡产业开始快速发展,由于早期银行跨州设立分支机构受到监管限制,银行业市场集中度低,信用卡跨州和跨行使用非常困难,严重束缚了信用卡行业的发展,美洲银行(Bank of America)就允许其他银行通过加盟的方式使用其信用卡品牌,加盟银行之间可以共用用户网络,后来经过演变发展为以美洲银行及其加盟银行为核心的维萨卡银行卡组织,亚洲和澳大利亚是其主要业务区域。另外一些银行为了对抗美洲银行共同成立了信用卡协会,协会成员共用商户和持卡人网络,后来发展为以信用卡协会为核心的万事达卡银行卡组织,北美和欧洲是其主要业务区域。美国运通公司从快递业务发家,其核心业务为信用卡、旅行支票、财务计划及国际银行业等。运通公司早期推出汇票与旅游支票,1950年开始大规模推行区域卡,后来成为著名的表现持卡人信誉的运通信用卡,以信用分数区分黄金卡、白金卡和黑金卡等,北美是主要业务区,主要覆盖高端人群的服务。

需要说明的是,电子商务型平台与视频网站型平台并不属于严格意义上的数字金融平台,只是由于数字经济平台与金融深深的相互嵌套关系,笔者将这类平台纳入表1-1对集市型平台与转售型平台的界分中,以便更直观地呈现支付平台在这类平台中体现出的集市型平台与转售型平台的区别。数字技术的发展令数字金融平台的类型得到拓展,其适用场景也可能持续增加。虽然电子商务类平台与视频类综合平台并未从事金融业务，但表1-1列举的代表性平台均铺设了一种或多种金融牌照，阿里巴巴、京东自营、哔哩哔哩、爱奇艺都至少拥有一张支付牌照。

集市型平台与转售型平台的变化体现了数字金融平台融资方式的变迁，体现出平台与经营者之间关系的亲疏程度，将来或可从此角度出发，研究其对平台与政府协同治理关系的影响，提供边界划分的依据。

（三）数字金融平台的功能

数字金融平台在实现其金融中介功能时，实际上会把经济运行中的大量风险转移到自身，在有限程度内利用杠杆实现基本职能。金融杠杆增长会为短期波动埋下隐患，当外生冲击大到一定程度，金融中介反而成为放大金融波动的罪魁祸首。数字金融平台的跨区域性加速了金融风险的发生，会对经济造成持续性的放大效应。金融风险的跨区域性叠加平台网络效应杠杆系数倍增。

（四）数字金融平台的特性

1. 数字金融平台网络效应推高了金融风险杠杆指数

数字金融平台具有网络效应，但网络效应可能提高金融风险杠杆指数。网络效应是平台自身以及链接到平台的双方或多方主体以网络接入的形式参与其中，不同于一般组织构架和服务模式，网络效应具有跨越时间与空间约束的特征。金融平台是数据加金融共同支撑的开放协同产物，是数字金融交易的基本场所。平台作为金融交易中社会生产中各类生产资源链接、交易的多边市场,早期的支付平台通过提供数字经济基础设施技术的方式,实现多方资源的融合,通过推动市场交易便利和市场信息的对称吸引双边用户形成网络效应,进一步享有平台话语权,裹挟平台上双边用户或吸引广告投放主体换取更多利益,通过算法个性化定价获取更多的消费者剩余。

金融服务实体经济的最基本功能是融通资金,即将资金由储蓄者转移到融资者手中。在传统一般均衡定理的经典表述中,金融中介是不存在的。弗里德曼与施瓦茨认为由中央银行控制的货币供给是最为关键的金融变量,银行在货币创造功能之外几乎不会发挥其他功能,其中也包括中介功能。① 1958 年,美国经济学家莫迪利亚尼和米勒在《美国经济评论》上发表的《资本成本、公司财务以及投资理论》一文中提出关于公司的市场价值与其资本结构关系的资本结构理论,也称为莫迪利亚尼 - 米勒定理(Modigliani-Miller theorem),即"MM 定理",指出在不考虑税、破产成本、资讯不对称,并假设市场有效的情况下,企业价值不会因企业融资方式改变而改变。法码教授认为在一个竞争性、不存在货币计价物的完美市场中,金融中介在一般均衡决定中完全充当被动的角色,进一步诠释了"MM 定理"。② 随后发展起来的"真实商业周期模型"也没有对金融与实体经济的关系做出更多分析,金融中介无用论是这个时期学术界的主流观点,学界在相当

---

① 参见[美]安娜·J. 施瓦茨等:《美国货币史:1867—1960》,巴曙松等译,北京大学出版社 2009 年版,第 105 页。

② Fama, E. F. ,*Banking in the Theory of Finance*, Journal of Monetary Economics, p. 39 – 57(1980).

长一段时间忽视了对金融中介的深入研究。

随着博弈论、信息经济学的发展，金融现象与宏观经济之间逐渐双向耦合，金融中介宏观效应的意涵得以进一步阐释，本斯顿等从交易成本、信息生产、风险管理等角度论述了金融中介是一种现代经济运行不可或缺的制度安排与机制设计。① 在他看来，交易成本、信息成本和不可分割性等市场摩擦是金融中介产生并存在的理由。安德鲁·马斯柯莱、迈克尔·温斯顿、杰里·格林等在经典经济学论著《微观经济理论》中假设市场是完全的，企业和家庭通过市场相互作用，资源配置达到帕累托最优，金融中介不起任何作用且无法改进福利，金融中介存在的理由：一是金融中介具有规模经济和专门技术，能够降低资金融通的交易成本；二是金融中介具备专业的信息处理能力，能够缓解储蓄者和融资者之间的信息不对称以及由此引发的逆向选择和道德风险问题。② 信息不对称与金融摩擦成为相关领域研究主线，金融中介的正面效应呈现为可在一定程度上减轻金融摩擦对经济带来的负面影响，但金融中介的负面效应也不容小觑，体现为其内在的不稳定性以及微观审慎与宏观审慎的冲突可能加剧经济波动。由于完全市场假设的宏观模型难以解释诸如金融危机、债务危机等社会现象，2008 年国际金融危机之后大量的研究开始分析受到金融机构对资源配置、经济波动和宏观调控的意义。

---

① Benston, G. j. & C. W. Smith, *Atransactions Cost Approach to the Throry of Financial Intermediation*, 31(2) Journai of finance, 215 - 231(1976).

② Andreu MasColell, Micheal Whinston and Jerry Green, *Microeconomic Theory*, Oxford University Press, 1995, p. 547, 585.

以金融中介的载体划分,20 世纪以前,金融中介有商业银行与资本市场(股票和债券市场),其中商业银行通过间接融资模式、资本市场通过直接融资模式在资金供需双方之间进行融资金额、期限和风险收益的匹配,发挥着服务实体经济的作用。20 世纪以后,以互联网为代表的现代信息科技,特别是移动支付、社交网络、搜索引擎和云计算等对世界金融模式产生了颠覆性影响,催生出一种既不同于商业银行间接融资、也不同于资本市场直接融资的第三种金融融资模式,一般称为“互联网直接融资市场”或“互联网金融模式”。[①] 新质生产力是以科技创新为主要驱动力量,以培育和形成战略性新兴产业和未来产业为主要支撑,以推动经济社会高效率、高质量可持续发展为目标的生产力。数字金融平台是在市场推动下培育和形成的将信息科技创新技术运用于金融业的新业态体现,体现了新质生产力的发展方向,数字金融平台业务模式的本质是“互联网金融模式”。作为第三种金融融资模式的载体,数字金融平台具有金融中介的基本功能,即资金融通功能。持有各项金融牌照的数字金融平台经授权获取对应金融服务功能,成为资金融通的通道。

数字金融平台拓展了资金融通的渠道,丰富了金融服务实体经济的维度,有助于提升金融服务实体经济的质效。数字金融平台通过提供多元化的数字金融产品与服务,满足个人和企业在资金管理和增值方面的综合性需求。金融平台作为一个综合性的金融服务平台,为用户提供贷款、投资、保险、支付和理财等各类金融服务与产品。个人用户可以通过金融平台进行资产

---

① 参见谢平、邹传伟:《互联网金融模式研究》,载《金融研究》2012 年第 12 期。

配置，如购买股票、基金等投资产品，实现资产增值。企业用户则可以通过金融平台获得流动资金，进行经营活动的资金管理和规划。

数字金融平台借助互联网技术和大数据分析提供便捷高效的金融交易服务，加强了金融产品和服务的有效分配，打破地域限制，缩减服务成本，促进其他商业和机构的支付服务和信贷扩展，促进了普惠金融的实现。用户在平台能够直观清晰地了解金融产品的收益率、回报率、短期长期走势，能够自行对比各项产品基本数据并随时查看，能够自主快捷便利地获取贷款申请、购买理财产品、投保保险产品等金融服务，无须借助外界人工操作并能节约时间成本，更符合人群对个人隐私的保护需求，也更契合当前普遍加快的社会节奏。用户可以通过在线平台快速完成贷款申请、投资交易、保险购买等操作，大大简化了传统金融业务的办理流程，提高了金融交易的效率和便捷性。

数字金融平台具有风险管理与信用评估功能。数字金融平台在提供服务的同时需对交易行为进行风险管理与信用评估，分析处理用户数据，评估用户信用风险，为贷款等金融服务提供参考。此外，金融平台提供风险管理工具，帮助用户规避投资风险，保障资金安全。

数字金融以信息技术为支撑，可以减少信息不对称、降低交易成本和优化资源配置，例如个人网络借贷可以缩小线下搜寻成本和匹配成本，众筹模式可以快速而广泛地获得资金支持，电商供应链金融则能够提升中小企业的贷款获得率。

数字金融平台在现代宏观经济运行中能够解决经济主体的

逆向选择和道德风险问题，为市场提供流动性保险。[①] 良好运作的金融中介得以克服现实世界中的金融摩擦，促进资源的有效配置，保障经济在更高的潜在水平上运行。

在传统金融中介基本功能之外，数字金融平台还具备一些独特优势功能。数字金融能够推动数据互联互通，拓展了科技创新的金融覆盖面。企业的重大科技创新研发具有周期长、应用场景不明确、沉淀成本高等特征，与传统金融“重抵押、轻企业成长性研判”的风险偏好不相匹配。数字金融则能够运用人工智能、大数据、云计算等科技手段打通数据壁垒，有效处理实时、海量的企业研发创新交易数据，推动软信息“硬”化，增强信用判定基础，为成长型科技企业提供匹配的资金。数字金融推动科技资产定价，能够拓展重大基础研究项目的外源性融资。综合性国家科学中心、大科学装置等原始创新活动的正外部性强，依靠财政投入和企业内源性资金往往难以持续，需要借助数字金融从数据资产、使用付费等方面形成综合现金流。此外，数字金融提升服务效率能够有效降低融资成本。大科技信贷、数字货币等前沿数字技术可以对科技企业进行精准“画像”，降低市场主体的信息不对称性，突破传统金融产品的空间界限和数量约束，提升全要素生产率。

超大型平台具备超强的网络优势，能够利用网络优势获得市场优势地位，从而获得更多利益。当下，超大型数字平台的寡头垄断格局已经基本形成，按照反垄断经济学中提高竞争对手成本

① 参见袁志刚、郑志伟、葛劲峰：《金融中介与宏观经济波动研究进展》，载《经济学动态》2020 年第 3 期。

理论[1](Theory of Raising Rival's Cost,RRC 理论)假设,平台在网络效应的影响下会加剧竞争,网络效应具有强大的外部性,大型互联网平台业务拓展初期,金融业务只是其一个综合服务的组成部分,一旦大型互联网平台达到特定阈值,具有数据资产支配地位和多方主体连接功能平台,就具有开展主体性和实质性金融服务的趋势,比如从提供链接第三方支付结算等基础服务,转变为提供信贷股权融资等信用转换核心服务。互联网平台通过金融科技创新平台,可以快速越过阈值,逼近极端规模收益率。跨边网络效应是大型互联网平台实现极端规模经济的重要支撑,也是大型互联网平台与传统平台的重要区别。跨边网络效应是指供求双方或多边动态匹配和自我强化的效应,金融风险借助跨边网络效应加速传导,大大增加了金融风险传播系数。风险借助平台网络效应在实体经济与平台经济之间、金融业务与经济业务之间快速传导,更增强了风险的杠杆指数。

2. 数字金融平台具有混业经营的综合性生态平台特性

数字金融平台业务从诞生之日起就具有混业经营的特征。[2] 数字金融平台的综合性生态平台特性源于数字金融平台混业经营的平台业务特征。互联网金融业务对平台的主营业务具有强烈的依附性,先前的平台业务和金融关联越紧密,其后推出互联网金融的壮大速度就越快。[3] 从表 1 - 2 中可见,数字平台依托第

---

① Steven C. Salop & David T. Scheffman, *Raising Rival's Costs*, American Economic Review, Vol. 73, 267 - 271 (1983).

② 参见廉薇:《蚂蚁金服》,中国人民大学出版社 2017 年版,第 9 页。

③ 参见程华:《互联网金融的双边市场竞争及其监管体系催生》,载《改革》2014 年第 7 期。

三方支付业务深度布局各类经济业务，又将经济业务中聚集的数据信息向金融业务传导，利用平台场景与规模优势形成支付、借贷、基金、保险等多种类型的线上金融业务，逐渐形成了多面向的混业经营模式。

表 1－2　2020 年中国境内影响力排名前 10 的互联网金融平台的金融牌照布局

名称	排名	类型	投资主体	平台拥有的金融牌照
蚂蚁金服[1]	1	线上金融平台	阿里巴巴	支付、基金、理财、保险、线上银行、小额贷款、征信、股权众筹、网络小额贷款[2]、金融服务
京东金融	2	线上金融平台	京东集团	支付、基金、理财、保险、线上银行、小额贷款、征信
微众银行	3	互联网银行	腾讯集团	借贷、支付结算
陆金所	4	线上金融平台	中国平安集团	支付、基金、理财、保险、线上银行、小额贷款
众安在线	5	线上保险平台	蚂蚁金服、中国平安、腾讯	互联网保险、理财
民生银行直销银行	6	互联网银行	民生银行	直销银行、保险、证券、基金
泰康在线	7	线上保险平台	康泰保险集团	互联网保险、公募基金
苏宁金融	8	线上金融平台	苏宁云商	支付、理财、消费金融、借贷、商业保理、众筹、保险、预付卡
百度金融	9	线上金融平台	百度集团	支付、基金、理财、保险、线上银行、小额贷款、征信
51 人品	10	线上金融平台	杭州义牛网络技术有限公司	理财、征信、小额贷款

注：排名数据根据 2020 年中国电子商务协会金融科技研究院和中国电子商务协

会互联网金融研究院联合发布的《中国互联网金融企业百强榜》整理，表中金融牌照的统计数据来自平台官网，截至2022年。

〔1〕2024年9月18日蚂蚁金服(杭州)网络技术有限公司进行了工商变更，正式更名为蚂蚁智能(杭州)科技有限公司。

〔2〕阿里巴巴于2010年3月取得网络小额贷牌照，并于2024年2月宣布注销。据国家企业信用信息公示系统显示，阿里小额贷已公布清算组备案信息，注销原因为决议解散，清算组已于2024年2月4日成立；另据其发布的债权人公告信息，阿里小额贷已拟向杭州市市场监督管理局申请注销登记，债权人自公告之日起45日内向清算组申报债权，公告期为2月6日至3月21日。

表1-2中，以第三方支付机构阿里巴巴为例，阿里巴巴在2003年成立之初定位于“清算”角色，至今阿里巴巴已经形成从数字交易到数字支付，从数字支付布局至数字征信，从数字征信拓展至数字金融，再从数字金融布局到数字生产的平台生态，其最初提出的只做清算的角色定位也已被现实颠覆。蚂蚁科技集团股份有限公司的主营业务包括数字支付与商家服务、数字金融科技平台以及创新业务等，蚂蚁金服(杭州)网络技术有限公司(以下简称蚂蚁金服)旗下的蚂蚁花呗消费贷依托其旗下另一产品支付宝第三方支付平台拥有的庞大用户群，商融保理与德邦证券股份有限公司曾联合推出花呗资产支持专项计划。蚂蚁金服还拥有网上银行等业务，在众多消费金融平台中占据一席之地。2015年6月，蚂蚁金服与恒生电子股份有限公司、中国投融资担保有限公司在杭州设立互联网金融资产交易平台“网金社”，创立国内第一家获政府批准的互联网金融资产交易中心。

再以表1-2中的京东金融为例，京东集团于2012年全资收购网银在线获得支付牌照后，通过10年时间布局形成京东支付科技，作为其集团资金收付的底层技术支撑。在其发布的“支付科技ToB产业服务全景图”(见图1-1)中形成了以支付科技为底层逻辑的涵盖零售、金融、健康、工业品、企业业务的平台经营生态,形成了从零售业务到金融业务,银行、保险、供应链金融科技平台等多种金融业务一体化,线上线下业务一体化的平台生态特征,建立了全面的产业生态链和金融服务生态链。

<table>
<tr><td rowspan="3">客户</td><td colspan="2">企业生态</td><td colspan="3">线下门店生态</td><td colspan="2">金融机构生态</td></tr>
<tr><td>B2C 电商平台</td><td>跨境电商平台</td><td>购物中心</td><td>商超百货</td><td>连锁便利店</td><td colspan="2">国有银行、股份制银行、区域银行</td></tr>
<tr><td>B2B 电商平台</td><td>大型集团类核心企业</td><td>餐饮店</td><td>SaaS 服务商</td><td>社区团购</td><td>供应链金融科技平台</td><td>保险公司</td></tr>
</table>

场景方案	零售行业	B2B平台	直分销行业	智慧食堂	商超便利	保险行业	汽车行业	金融行业	精准营销

<table>
<tr><td rowspan="4">产品</td><td colspan="2">京东支付产品</td><td>跨境支付产品</td><td colspan="2">京东收银产品</td><td>企业支付产品</td><td>结算运营产品</td><td>支付科技产品</td></tr>
<tr><td colspan="2">京东支付收银服务</td><td rowspan="2">京东支付跨境收银服务</td><td>聚合收银</td><td>扫码点餐</td><td>企业快捷</td><td>结算云产品</td><td>精准营销</td></tr>
<tr><td>快捷</td><td>网关</td><td>职能POS</td><td>储值卡</td><td rowspan="2">企业钱包</td><td>结算运营云服务</td><td>联合收单</td></tr>
<tr><td>代付</td><td>代扣</td><td>B2B 多币种收款</td><td>自助收银机</td><td>柜面收银设备</td><td>账票款云服务</td><td>收单科技</td></tr>
</table>

技术	智能风控域	智能客服域	智能监控域	大数据域	营销域	通道路由域	支付工具域	交易域	结算域	账户域

图1-1　京东支付科技 ToB 产业服务全景图

注:依据京东在2022年7月20日举办的"向实而生·京东支付科技产品发布会"上公布的支付科技生态布局图绘制。

京东集团将第三方支付平台业务作为平台生态的底层逻辑,在支付入口层层叠加信贷、理财、保险等金融功能,形成多种业务类型并存的平台生态。京东支付科技 ToB 产业服务全景图说明,多维度、多层次、多面向的混业经营模式与全方位的平台生态模式是平台业务的发展方向。金融科技公司依托用户黏性、场景多层次性和其不断创新的技术优势,以其基础性金融活动——第三方支付业务作为通道,将平台上各类数据信息引流到金融业务市场,顺利实现了基础业务的用户向金融业务市场的迁移,实现了平台用户向金融消费者身份的转变。当下大型数字金融平台混业经营的综合平台生态模式正在逐步形成。混业经营为金融科技平台提升规模竞争优势发挥了关键性作用,第三方支付业务金融数据的集聚功能是平台实现向金融业务迁移的关键。

追求关联活动的拓展以期扩大其规模是由数字金融平台的组织本性决定的。大型互联网平台利用其平台优势、资本优势、技术优势、数据优势、场景优势、用户优势逐渐建立垄断地位,逐渐发展为涵盖支付业务、信贷业务、保险业务、资管业务、征信业务的综合性金融服务平台。数字金融平台积极部署各类金融牌照呈现出的混业经营特性不仅体现在经济业务与金融业务的混业交叉,体现在各类平台金融业务的融合交叉,还体现在从线上虚拟空间与线下实体业务的交互渗透。数字金融平台的金融业务与经济业务相互嵌套,资金在银行体系外循环,与资产瞬间转换,诱发影子银行风险;数字平台条件下的金融模式深入渗透进支付、借贷、基金、保险等各类传统金融领域形成金融风险的相互传导,混业经营综合平台生态模式中混业经营封闭性形成的风险传导,给反垄断执法机构与金融监管机构带来的监管挑战可见一斑。

3. 数字金融平台的公共属性与平台地位中心化

数字金融平台具有公共属性。平台是数字金融的基础设施,[①]从平台企业的交易基础服务看,平台为社会提供统一基础服务。平台既具备硬件终端、操作系统、应用程序 App 等硬件设施,又具备行业标准、基础通信设施、支付机构、交易场所等软件设施,成为关键信息基础设施,受到特别监管。[②] 2020 年 3 月,中国人民银行发文[③]明确将金融资产登记托管系统、清算结算系统(包括开展集中清算业务的中央对手方)、交易设施、交易报告库、重要支付系统、基础征信系统 6 类设施及其运营机构作为我国金融基础设施纳入统筹监管范围。大型支付平台具备金融基础设施的特征,为各类金融活动提供基础性公共服务的系统、制度。[④]

数字金融平台强化了金融脱媒趋势,打破了传统银行、证券、保险、交易所等金融中介信息不对称条件下的融资市场长期垄断的格局,并使得金融服务进一步转向平台中心模式。

数字金融平台地位中心化的形成过程可分为三步,第一步,数字金融平台绕过商业银行的间接融资与资本市场的直接融资,通过便利的智能手机应用直接向用户提供金融服务,与传统金融机构以实体网点为中心的客户关系模式脱钩。第二步,数字金融

① 参见胡凌:《从开放资源到基础服务:平台监管的新视角》,载《学术月刊》2019 年第 2 期。

② 参见《网络安全法》第 3 章第 2 节。

③ 2020 年 3 月人民银行、国家发改委、财政部、银保监会、证监会、外汇局联合印发《统筹监管金融基础设施工作方案》。

④ 参见“十四五”规划纲要对金融基础设施的界定。

平台借助交易搜索技术、信息传递分析技术、交易撮合技术、风险管控技术等对数据进行分析利用,实现资金供求双方的直接匹配,实现金融脱媒,冲击了银行的中介地位。例如,移动扫码支付冲击了银行支付结算的中介地位,互联网理财则冲击了银行信息中介与信用中介的地位。第三步,数字金融平台通过将传统金融机构展业端口迁移至平台,掌握更多的金融客户关系,商业银行原有的客户维护成本较高、利润不显著的部分金融服务业务逐渐向数字金融平台转移。如商业银行由于尾部客户的维护成本高昂而放弃了互联网联合贷款业务,转而委托平台代为管理。

平台中心化对公平竞争的贡献在于,最大限度地降低了传统垄断中因信息不对称造成的垄断风险,改变了原有的垄断行为的形成机理,缓解了垄断风险;但与此同时,在平台地位中心化格局逐渐形成的条件下,金融数据从传统银行类金融机构中介处转移分散至第三方支付平台集聚,大型支付平台聚集的数据风险转而形成新型的数据不对称风险。[①] 数字金融平台由去中介化呈现出再中介化的特征,主要体现为由信息不对称转向数据不对称的特征。平台由信息中介向综合服务中介转换,逐渐形成"新型中介模式",[②]致使垄断行为的潜在性聚集至平台本身。

在数字金融平台的公共属性与平台地位中心化的共同作用

① 参见王作功、李慧洋、孙璐璐:《数字金融的发展与治理:从信息不对称到数据不对称》,载《金融理论与实践》2019 年第 12 期。

② 杨涛:《从共享经济到平台经济的思考》,载《清华金融评论》2018 年第 6 期。

下，金融数据的聚集传导至信用数据的聚集，作为基础设施的大型支付平台享有事实层面的征信(用)中心地位。如今，大型支付平台与法定的央行征信中心共同形成了中央与民间、政府与市场的双层结构并立共存的格局。①

以上说明，数字金融平台具有公共属性，部分数字金融平台具有系统重要性，数字金融平台地位中心化产生了新的数据垄断风险，平台本身即是诱发垄断的不稳定因素。

二、数字金融平台垄断行为的运行样态

依托宽松的监管环境与自由竞争的市场环境，数字金融平台在发展创新过程中的业务规模、营收水平不断拓展，但也产生了竞争异化。我国《反垄断法》开宗明义将"预防和制止垄断行为"作为立法目标，体现了行为导向的垄断规制思路，将影响市场公平竞争而被禁止的垄断行为划分为垄断协议行为、滥用市场支配地位行为、违法实施经营者集中行为和滥用行政权力消除、限制竞争行为4种类型，下文将分别切入阐释数字金融平台竞争行为异化的表现形态。

(一)垄断协议行为呈现算法共谋的新样态

1. 垄断协议型案件梳理

2013年3月，国家机关工作人员联名提交提案建议开放银行卡清算市场，指出中国银联拒绝向民间资本提供接口的行为可能

---

① 参见刘乃梁、吕豪杰:《金融科技数据垄断:源流、风险与治理》，载《财经科学》2022年第3期。

构成垄断。[①] 此后,中国银联与第三方支付机构展开了持久对抗,并对相关市场的其他主体的主体权益产生了直接影响。我国银行卡清算市场为单一经营主体,银联是支付结算的基础设施,承担全国银行间支付的清算业务,银行卡支付跨行清算须经过银联网络。2013 年 7 月,第三方支付机构被指利用套码形式非法利用了银联的清算通道,逃避支付银联每笔刷卡的手续费 10% 的清算费用(通道费),其行为构成搭便车的行为,损害了银联的正当利益。银联要求各成员银行于当年 9 月停止向非金融机构新增开通银联卡支付接口,所有非金融机构线下银联卡交易于 12 月 31 日前全面迁移至银联网络。[②] 8 月 13 日银联告知与其有协议关系的 52 家第三方支付机构发出跨法人交易发送方式不得绕过银联。此后,第三方支付平台展开与各家银行的多头议价谈判。商业银行被要求在银联与支付宝业务中进行选择,要么放弃银联,要么放弃当时已占领零售支付市场的第三方支付平台公司,造成客户流失。[③] 8 月 27 日,作为回应,支付宝(中国)网络技术有限公司宣布全面停止 POS 业务。支付宝在当时已是国内最大的第三方支付平台。事情进一步发酵,银联以第三方支付机构套用商户类别码为由对多家支付机构作出罚款 1 亿元的处罚决定,第三方支付机构则指出银联的子公司银联商务有限公司也在从事第

① 参见中国证监会市场监管部和农工党中央常委提交的“关于推动银行卡清算市场对内开放”的提案。

② 参见中国银联董事会会议通过的《关于进一步规范非金融支付机构银联卡交易维护成员银行和银联权益的议案》。

③ 参见夏心愉:《银联与第三方支付争夺直连》,载浙江省市场监督管理数字传媒中心 2013 年 8 月 26 日,http://www.zjscdb.com/detail.php?newsid=120878。

三方支付业务。银行金融业与第三方支付平台相互指责对方的行为构成“垄断”。[①]

2014 年 3 月,央行暂停了“财付通”等公司线下二维码支付等业务,[②]被认为是维护银联的线下垄断地位,同月央行在《支付机构网络支付业务管理办法(征求意见稿)》中对个人支付限额进行了较为苛刻的规定,其后工农中建四大银行相继下调支付宝快捷支付额度,被媒体与社会认为是垄断行为的体现,金融反垄断呼声此起彼伏。[③] 在这一系列事件中,银联是否滥用其在清算市场的寡头地位对其他银行实施强制的行为需要探讨,第三方支付平台是否存在利用其优势(用户市场数据优势与地位优势)强迫商业银行进行“二选一”影响公平竞争的行为也应当引起重视。

2. 算法共谋型案件

我国尚未发现金融领域的算法合谋案件,但是理论与实践均指向算法合谋的现实可能,我国在数字经济平台领域已经出现多起运用算法的合谋行为,随着我国金融市场化的节奏加快,有必要防患未然,设计算法共谋的反垄断规制方案(见表 1 - 3)。

---

① 参见《支付宝向银联“宣战”双方各陷垄断争议》,载人民网 2013 年 8 月 29 日,http://finance.people.com.cn/n/2013/0829/c1004 - 22734933.html;《银联狙击支付宝线下业务,第三方支付动了谁的奶酪?》,载中国经济周刊 2013 年 9 月 17 日,http://finance.hnr.cn/yh/201309/t20130917_625943.html;《三问银联“整顿”第三方支付垄断的争执》,载法治周末 2013 年 9 月 25 日,https://www.mpaypass.com.cn/news/201309/25093946.html。

② 参见《中国人民银行支付结算司关于暂停支付宝公司线下条码(二维码)支付等业务意见的函》。

③ 参见刘乃梁:《银行业反垄断法规制的进路》,西南政法大学 2016 年博士学位论文,第 47 页。

表1-3　算法合谋案件

案件	银行联合操纵汇率案		
时间	2015年5月	2013~2016年	2021年
指控人	美国司法部	欧盟委员会	欧盟委员会
被指控人	摩根大通、巴克莱、苏格兰皇家银行、花旗集团和瑞银5家银行	巴克莱、苏格兰皇家银行、德意志银行、法国兴业银行、汇丰控股、法国农业信贷及摩根大通7家银行	巴克莱银行、苏格兰皇家银行、花旗集团、摩根大通和三菱日联5家银行
合谋类型	信使类	信使类	信使类
合谋方式	通过调整头寸共谋推高、压低或固定LIBOR基准利率	在线上聊天室中交换敏感信息和交易计划以操纵货币汇率	在线上聊天室中交换敏感信息和交易计划串通操纵11种货币汇率
主要证据	线上聊天室沟通记录	线上聊天室沟通记录	线上聊天室沟通记录
处理结果	达成调解协议，除瑞银外四大银行支付共约60亿美元的罚款	巴克莱、苏格兰皇家银行、德意志银行及法国兴业银行选择和解，总罚款8.2亿欧元。汇丰控股、法国农业信贷及摩根大通合计罚款4.855亿欧元	对5家银行分别罚款，合计10.7亿欧元

资料来源：Antitrust：Commission fines UBS，Barclays，RBS，HSBC and Credit Suisse €344 million for participating in a Foreign Exchange spot trading cartel，2/12/2021，https://ec.europa.eu/commission/presscorner/detail/en/ip_21_6548。

伦敦银行同业拆借利率（London InterBank Offered Rate，LIBOR）是大型国际银行愿意向其他大型国际银行借贷时所要求的利率，是在伦敦银行内部交易市场上的商业银行对存于非美国银行的美元进行交易时所涉及的利率。LIBOR 曾是世界上最重要的基准利率,在金融市场交易和资产定价中扮演重要角色,全球数万亿美元的金融工具和贷款产品以 LIBOR 为参考利率。由于 LIBOR 是基于各银行自律上报的当期实际借贷成本,是一种报价利率而非交易利率,因此极易被报价行串谋、操纵。2015 ~ 2021 年,各国监管机构陆续查处了一系列大型国际银行利用算法联合操纵汇率的案件。这些案件中,外汇现货交易的交易员代表被罚款的银行交换敏感信息和交易计划,利用算法操作就是否出售以及何时出售或购买其投资组合中的货币作出市场决策的合谋,共谋推高、压低或固定 LIBOR,通过操纵报价为其参与的交易牟利。

算法与金融深度融合,逐渐形成一种自带判断的区分方式,[①] 算法设计在数字金融平台的决策中体现为性别偏见、地域偏见、征信筛选偏见等情况。例如,美国手机金融服务商"移动银行"(Movenbank)、美国线上购物网站易贝(Ebay)和国内蚂蚁金服产品"花呗"、京东"白条"等数字金融平台产品将其建立的征信系统的数据分析源应用于用户进行信用贷款申请时的算法技术,居住在富裕地区的人群更容易获得贷款,如果申请者为女性,其获取额度会降低。[②] 这一类行为并未受到国内法的监管限制。

(1)运用算法实施垄断的行为类型

阿里尔·扎拉奇首先提出显性算法合谋与隐性算法合谋的概

---

① 参见解正山:《算法决策规制——以算法"解释权"为中心》,载《现代法学》2020 年第 1 期。

② 征信系统的数据分析源来自淘宝、易贝等电子商务平台内用户的交易偏好、交易额度、交易评价,以及微博与脸书的好友人数、领客的人脉对象、运动轨迹领域的富裕程度等。参见肖梦黎:《风险视角下对算法偏见的双轨治理》,载《理论月刊》2021 年第 7 期。

念,此后,阿里尔·扎拉奇与莫里斯·E. 斯图克通过进一步研究又将算法合谋细分为信使类、轴幅类、预设代理与自主达成4种类型。[①]

孙晋、蓝澜将数字平台借由算法实施的垄断协议称为数字垄断协议,按照算法在垄断协议中的功能又可进一步划分为"算法辅助型"数字垄断协议与"深度学习型"数字垄断协议。[②] "算法辅助型"数字垄断协议又称为显性算法合谋,这种合谋是企业预先达成协议,然后利用算法工具辅助实现其合谋的意图。在经营者达成和实施垄断协议的过程中,算法是信息传递的工具,作为轴心间接促成合意的数字垄断协议(见表1-4)。

表1-4 算法合谋的4种类型

合谋场景	合谋类型	定义	算法参与程度	意图与证据	法律规制现状
信使类	倾向于显性合谋、算法辅助型	经营者预先达成合谋,机器帮助实施与监控	较低,仅为辅助工具	与传统垄断协议的合谋行为相同	本身违法原则
轴幅类	显性或默契合谋、算法辅助型	多方主体使用相同或相似算法确定市场价格或作出市场反应	较高,需要计算协助	存在意图可能性较大,中心协议	本身违法/合理原则

① 参见[英]阿里尔·扎拉奇、[英]莫里斯·E. 斯图克:《算法的陷阱:超级平台、算法垄断与场景欺骗》,余潇译,中信出版社2018年版,第52页。

② 参见孙晋、蓝澜:《数字垄断协议的反垄断法甄别及其规制》,载《科技与法律(中英文)》2023年第1期。

续表

合谋场景	合谋类型	定义	算法参与程度	意图与证据	法律规制现状
预设代理	倾向于默契合谋、深度学习型	经营者设计预期结果，机器以预设方式对市场条件自行调整应变	高，实现方式多样化	意图不明或不易抓取，不易证明	美国联邦贸易委员会·ACT 第5条或欧盟 TFEU 第102款
自主达成	默契合谋、深度学习型	经营者给定目标，机器通过自主学习自行设定条件完成决策	最高，取代竞争者自行实施	机器人独立决策，法律无明确规定	暂无

注：根据 Ezrachi A 、Stucke M E. (2018)；孟昌、曲寒瑛(2021)，孙晋、蓝澜(2023)文绘制。

信使类算法合谋现已有案例显现(表 1－4)，轴幅类算法合谋已在数字经济平台中出现并受到国外法律关注，其行为具有与传统垄断行为不同的特点(见图 1－2)。

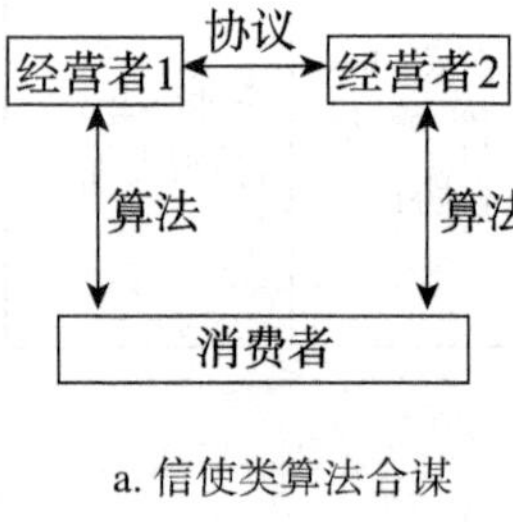

a. 信使类算法合谋

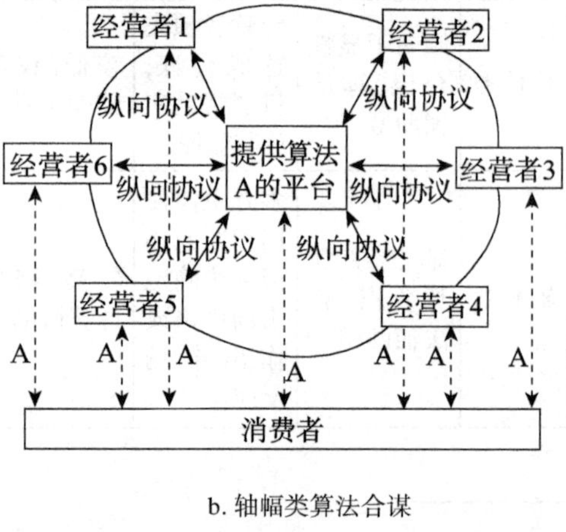

b. 轴幅类算法合谋

图 1－2　算法合谋示例图

注：图 a. 信使类算法合谋示例图来自 CMA，图 b. 轴幅类算法合谋示例图为作者整理绘制。

"默契算法合谋",即国内所称"深度学习型"数字垄断协议,是基于人工智能深度学习的能力在大数据基础上自行深度持续学习。深度学习型算法合谋会代替市场主体(经营者)省略协商过程,直接确定最大利润定价,形成垄断协议。这种垄断协议的结果是算法自动选择的结果,跳出经营者反复协商所达成的协同与经营者协商时产生的情绪化影响,效率更高,形成的对经营者利润最大化的决策结果更有利,相应的,其对市场公平竞争的破坏力更强,对消费者利益、其他企业的利益以及社会总福利的损害就更大。

(2)算法共谋的实现机制

算法是一种自动化决策技术,经济合作与发展组织(OECD,2017)将算法定义为一套被机械而系统地用输入与输出方法定义的精确的操作列表。利用算法实施垄断的行为已越来越多样化,除算法共谋、算法个性化定价外,还包括算法自我优待、算法掠夺性定价、算法剥削性滥用和算法驱动型经营者集中。算法垄断行为的算法工具天然与金融工具可亲,平台则是算法开展的场所,其基于现有行为对用户的未来行为进行预测,赋予相对方数字人格。[①] 国内外均认可算法具有较强的正外部性,通过算法的动态定价能够节约成本,缩短销售时间,为企业带来更高利润,实现在线零售企业的收入增长。运用计算机人工智能和机器学习高效、快速、精准的优势,算法可以在极短的时间内解决人类难以解决的复杂问题,为企业进一步缩减人工成本与运营成本。但算法同样具有较强的负外部性。

---

① 参见虞青松:《算法行政:社会信用体系治理范式及其法治化》,载《法学论坛》2020 年第 2 期。

经营者借助大数据还可以轻松实现对经营者和竞争对手的信息与数据的搜集,根据算法筛选的商业决策信息实时传递的特性监督其他竞争对手的商业行为,一旦出现商业背叛算法的行为就会进行提示。算法技术的使用让垄断行为更加牢固,通过垄断行为的实施,进一步加强平台地位,促使平台有更多的投入支持其算法金融。数字经济平台中已经出现多例被告采用定价算法与各方进行意思联络的案件,如2015年的优步科技公司案以及美国联邦政府诉戴维·托普金斯案。[①] 根据英国竞争与市场管理局的定义,定价算法是指以价格作为输入、用计算程序来确定价格并作为输出的算法。经营者无须再通过更频繁的意思联络约定与协商价格协议,只需要提前协商和设定好定价规则,商品价格就会自动在预设规则内上下浮动,定价算法会根据市场的动态变化按照预先既定的价格方案予以自行调整。

(3)算法共谋是一种规避反垄断规制的新型垄断行为

算法共谋之所以成为经济学与法学领域共同关注的焦点问题,原因在于算法共谋帮助企业实现了高效率的歧视定价、差别定价与隐性的协议定价。[②] 由于算法的嵌入改变了市场价格形成机制,不同程度地避开了反垄断法规制,故算法共谋作为一种新型垄断行为对我国现行反垄断法理论与制度构成挑战。具体而言,我国在2008年生效的《反垄断法》中将垄断协议行为划分为横向垄断协议与纵向垄断协议两种形式,对算法共谋行为的规定

① United States v. David Topkins, Case3: 15 - cr - 00201 WHO, Filed04/30/15.

② 参见孟昌、曲寒瑛:《算法合谋及其规制研究进展》,载《经济学动态》2021年第6期。

尚处于空白。为了规制新业态新领域中平台内经营者呈现的具有垄断性质的新型行为，加强网络领域的风险防控，我国在《国务院反垄断委员会关于平台经济领域的反垄断指南》（国反垄发〔2021〕1号）第8条中新增轴幅协议条款，将具有竞争关系的平台内经营者借助与平台经营者之间的纵向关系，或者由平台经营者组织、协调从而达成具有横向垄断协议效果的行为界定为轴辐协议，并规定具有竞争关系的平台内经营者之间利用技术手段、平台规则、数据和算法等方式，达成、实施垄断协议，排除、限制相关市场竞争的行为可以结合对横向垄断行为与纵向垄断行为的构成要件进行判断，将《反垄断法》的调整范围拓展至网络平台领域，并将算法行为纳入反垄断监管。2022年《反垄断法》第19条①用“经营者组织帮助行为”条款描述了轴幅协议的行为，对于算法共谋行为未作直接或间接性规定，实践中算法共谋行为能否界定为垄断行为，如何判定平台或平台内经营者的行为符合算法共谋行为的构成要件，尚欠缺法律依据。

（二）滥用市场支配地位行为呈现自我优待与掠夺式定价的新样态

1. 平台自我优待行为

数字金融平台在平台与技术双重优势的作用下，在数据收集

---

① 2022年修订后的《反垄断法》第19条新增“经营者不得组织其他经营者达成垄断协议或者为其他经营者达成垄断协议提供实质性帮助”的内容，此前《国务院反垄断委员会关于平台经济领域的反垄断指南》（国反垄发〔2021〕1号）第8条关于轴幅协议的界定并未在其中呈现。

阶段与数据使用阶段实施了影响公平竞争的行为，具体表现为数据收集阶段的平台自我优待和数据使用阶段拒绝接入数据的屏蔽封锁行为。平台自我优待行为也称平台“二选一”，是占据优势地位的一方要求第三方在竞争对手和自己之间做出选择的限制竞争的行为。

数字金融平台巨头苹果公司和谷歌公司均开发了在应用程序内部购买和支付的机制（in-app purchase，IAP，简称程序内购买机制），苹果和谷歌从应用开发者处收取的佣金是30%，而且收集消费者的个人和支付信息，实施支付处理，然后将消费者的款项扣除30%之后再打给应用开发者。运用安卓操作系统和苹果公司开发的IOS移动操作系统出售数字内容和服务的应用开发商被要求必须在苹果和谷歌应用商店的程序内购买机制。2005年谷歌公司收购安卓操作系统之后，谷歌公司采用合约限制和排他条款的方式将谷歌搜索引擎的垄断范围从电脑端扩展到了移动设备。此外，谷歌不允许使用其服务的网站发布谷歌竞争对手的广告。

苹果公司一直强烈抵制荷兰消费者和市场管理局（Authority for Consumers & Markets，ACM）对其操作系统和服务进行更改的法规。2021年12月，荷兰消费者和市场管理局对苹果公司做出的要求其开放对其应用商城内的应用软件支付方式限制的命令，起因是其在2021年的一项调查中发现，进入苹果应用商城的应用开发者每年要向苹果支付99美元的服务费，对于提供付费或订阅服务的开发者如约会类主题的应用服务开发商还会附加其他条件。由于约会类主题的应用开发者在苹果手机上只能通过苹果应用商城为苹果用户提供服务，这使得他们对苹果应用商城高度依赖，只能接受苹果公司提出的条件，无法使用除苹果支付应用以外的其他支付方式。荷兰消费者和市场管理局的命令下达后，苹果公司一直未能遵守命令调整其操作系统与服务功能，并于1月15日表示已遵守消费者和市场管理局于2021年12月下达的命令。为此，荷兰反垄断监管机构依据《荷兰竞争法》第24条和欧盟范围的《欧盟运作条约》第102条，同时依据行政法《荷兰一般行政法法案》对苹果采取定期式的处罚方式，于2022年1月24日对苹果公司作出罚款500万欧元的决定。苹果公司宁愿数次支付每周550万美元的重磅罚款也不愿服从该命令，拒绝引入外部支付选项，不允许平台内应用绕过苹果应用商城进行支付，ACM告知苹果公司，将每周对该公司处以500万欧元至5000万欧元不等的罚款，直至苹果公司遵守规定为止。苹果公司长期以来都要求其应用商城上的应用使用其开发的付款渠道，并从数字交易中抽取高达15%至30%不等的佣金，苹果公司利用其优势地位实施的单方面行为令第三方支付的供应商难以涉足该领域。

2021年10月28日，华尔街日报报道了国际卡组织维萨通过降低费用或提供其他奖励措施的方式要求美国方正公司和斯特里普公司等与其合作，且不得与其他卡组织进行网络交易的行为。方正公司和斯特里普公司是注册于美国，提供多功能在线支付功能、在线金融服务与软件服务的大型金融科技公司。其中，方正公司成立于2009年，是北美第二大移动支付公司，斯特里普公司则于2021年12月1日正式更名为布洛克公司。美国司法部对此展开了调查。

2022 年 7 月,美国信贷联盟指控苹果公司违反《保护贸易及商业免受非法限制及垄断法》,利用其在移动设备行业的垄断地位阻碍来自其他支付卡发行机构的竞争,向这些发卡机构收取费用以提高利润。苹果公司强迫信用卡发卡机构使用其自有支付金融系统"苹果支付",向发卡机构收取 0.15% 的信用卡交易费用和 0.05% 的借记卡交易费用。"苹果支付"是苹果公司开发的一款基于 NFC 的手机支付功能,于 2014 年 10 月 20 日在美国正式上线。苹果公司的服务条款中规定,信用卡发卡机构不得将交易手续费转嫁至苹果手机的持有用户,而安卓系统的谷歌支付和三星支付则不会向发卡机构收取任何费用。

我国监管部门自 2020 年开始对财付通科技有限公司的支付宝产品与财付通(微信支付)的自我优待行为予以关注。深圳市财付通科技有限公司成立于 2006 年 8 月,其开发的财付通平台是腾讯集团旗下的第三方支付平台。

支付宝和财付通在我国第三方移动支付交易市场中的份额分别为 54.4% 和 39.4%,占据移动支付市场支配地位,[①]垄断了支付市场格局,彼时,淘宝购物付款只能使用支付宝产品,腾讯产品只能选择微信支付,唯品会在没有支付牌照时曾被支付平台拒绝接入。2021 年支付宝、财付通与银联云闪付在技术上实现了扫码互认,但并未接入后者的支付端口。

一些数字金融平台将自己的消费信贷等金融产品强制设置

---

① 参见艾瑞咨询《2020 年中国第三方支付行业研究报告》。

为默认选择，另一些则凭借海量用户及数据优势在资金上下游的议价谈判中获得一定的垄断定价权。

总体来看，自我优待的行为既侵害了金融消费者的选择权，也挤占了竞争者的生存空间。自我优待行为反映出数字金融平台垄断的新问题，自我优待行为不一定以市场支配地位为前提，单个主体也无法实现垄断协议的"共谋"，自我优待反映的是互联网平台能否借助平台地位禁止接入、是否应当实现网络间的互联互通的问题，其本质是借助数据优势和用户数量在上下游谈判中获得的议价优势，并基于这种议价优势获得一定的垄断定价权，进而实施反竞争行为。

网络的互联互通也是自我优待反映出的新问题。在支付领域中，平台为了实现限制合作伙伴选择合作对象的目的，或者刻意调整技术标准的细节，或者刻意降低支付工具间的通用性与便利性，人为分割网络市场，导致实体金融市场被分隔。网络组件的兼容性决定了网络外部性的大小，在具有竞争关系的支付网络之间，兼容意味着不同的支付品牌和工具可以互联互通，用户可以获得更大的网络外部性，如果网络组件相互之间不兼容则意味着用户被分割在不同的支付网络中，因此，平台的互联互通对公平开放的平台生态竞争环境具有重要影响。

2. 掠夺式定价

掠夺式定价也是数字金融平台实施的反竞争行为。数字金融平台通过价格补贴占领市场，形成了"早期通过补贴挤压对手抢占份额，中期借助资本整合行业，后期形成垄断平台获取超额利润"的发展路径，2015～2021 年，蚂蚁花呗与京东白条通过向市场发放补贴的方式占有市场份额，争夺数据流量，仅 2015 年平台“双十一”活动期间京东白条就发放 3000 万元优惠券补贴消费者。① 补贴行为虽然使消费者短期内受益，但是挤占了其他平台的市场份额，严重损坏公平竞争秩序，长期来看最终仍然消费者的利益受损。

（三）违法实施经营者集中行为呈现协议控制的新样态

1. 违法实施经营者集中未申报案例

2021 年 11 月 20 日国家市场监管总局公布的 5 例处罚案涉及金融业未依法申报违法实施经营者集中，国家市场监管总局根据《反垄断法》第 25 条和第 26 条，《国务院关于经营者集中申报标准的规定》的规定作出处罚，处罚对象为银行、保险和投资公司的数字金融平台从业者（见表 1－5）。中信银行案作为我国首例银行业反垄断案，为金融行业反垄断监管拉开了序幕。

表 1－5　数字金融平台违法实施经营者集中的违法案件梳理

实施时间	实施主体	案件事实	行政处罚决定书	处罚结果
2015－11	百度博瑞；中信银行	共同设立合营企业中信百信银行，百度博瑞与中信银行分别持股 30％、70％。2017 年 9 月 5 日，中信百信银行设立	国市监处罚〔2021〕79 号	分别给予 50 万元的行政罚款

① 李冰：《金融大战剑指支付　蚂蚁花呗火拼京东白条》，载《证券日报》2015 年 11 月 7 日，第 3 版。

续表

实施时间	实施主体	案件事实	行政处罚决定书	处罚结果
2018－05	腾讯控股有限公司；五八金服	腾讯通过林芝腾讯科技有限公司与五八金服、姚劲波及其五八金服其他股东签署《增资协议》和《股东协议》收购五八金服12%的股权，取得共同控制权。2018年7月20日完成股权变更登记	国市监处罚〔2021〕95号	给予腾讯50万元的行政罚款
2019－04	腾讯控股有限公司；东方金信	签署增资协议约定腾讯通过增资获得东方金信21.21%的股权，取得共同控制权，2019年4月18日东方金信完成股权变更登记手续	国市监处罚〔2021〕111号	给予腾讯50万元的行政罚款
2019－05	腾讯控股有限公司；中隆投资	签署协议共同设立合营企业，腾讯、中隆投资分别持股27.78%、38.89%。2019年7月4日合营企业设立	国市监处罚〔2021〕85号	分别给予50万元的行政罚款
2021－08	中华联合保险集团股份有限公司；上海云鑫创业投资有限公司	签署协议共同设立合营企业	国市监处罚〔2021〕108号	分别给予50万元的行政罚款

资料来源：国家市场监督管理总局2022年10月1日，https://www.samr.gov.cn/xw/zj/202111/t20211119_337049.html。

注：表中资料系笔者根据国家市场监督管理总局公开发布的行政处罚决定书内容整理。

2. 通过"协议控制"实施经营者集中的行为

可变利益实体（Variable Interest Entities，VIEs），即"VIE结构"，通常又称协议控制，其本质是境内主体为实现在境外上市，通过一系列符合我国法律的合同安排建立的一种对公司实施最终控制的方式,是利用一系列各类属性的合同搭建了一个复杂隐蔽的金融工具,帮助境外投资公司能够在没有直接股权关系的情况下控制国内公司的运营,由此按照国际会计准则将国内公司的财务数据并入境外投资公司的财务报表,从而规避国内金融监管部门对国内企业规定的外资控股比例的限制性要求。

1999 年 7 月,中国证券监督管理委员会印发《关于企业申请境外上市有关问题的通知》,规定境内企业要到境外融资必须满足企业净资产不得少于 4 亿元人民币,上一年税后利润不少于 6000 万元人民币,筹资额度不少于 5000 万美元的“四五六原则”。为了规避证监会有关境内企业申请境外上市条件的限制性规定,实践中,大量金融科技企业选择通过协议控制的方式获取投资额或进行海外融资,造成金融风险的聚集。

协议控制的基本运行逻辑为:第一步选择一家境外上市的实体公司(A 公司),第二步由 A 公司在境内设立一家全资子公司(B 公司),第三步 B 公司通过协议方式,对境内运营实体 C 进行实际业务控制与财务控制,通过这种结构设置,A 与 C 分离,B 不实际开展业务,C 是上市实体 A 的可变利益实体。2011 年 6 月,阿里巴巴集团为取得支付牌照,满足央行关于非金融支付机构获得支付许可证必须 100% 内资的管理办法的规定,改变支付宝接近 70% 的股权被美国雅虎和日本软银公司控制的实际情况,阿里巴巴集团将支付宝所有权转让给由马云控股的国内公司杭州阿里电子商务有限公司。该事件引发阿里巴巴集团的另外两家大股东雅虎和软银的股权争议,根据雅虎向美国证券交易委员会最新提交的文件显示,雅虎管理层在近2个月时间里面临近10起股东个人或集体诉讼。2021年7月29日,支付宝的控股公司承诺予以阿里巴巴集团上市总市值37.5%且在20亿美元至60亿美元之间的一次性现金回报。① 该案揭开了协议控制(VIE结构)的神秘面纱,将通过VIE结构包装海外上市取得融资的案件带到监管者面前。

虽然利用VIE结构海外上市面临失败后拆分红筹复杂、监管层随时可能作出禁止性规定的各种风险,但是由于违法成本低,大量互联网企平台企业借此上市且并未受到反垄断执法机构的规制,金融平台企业在"法不责众"的侥幸心理下持续采取各种商业安排与措施,以避免触发反垄断申报义务。例如,调整收购的股权比例和在股东会、董事会中的权力,从而使交易不构成经营者集中,或者调整收购的业务或者资产范围,从而使收购的目标公司的营业额未达到申报标准。收购方还通过改用不存在VIE结构的收购主体,或是要求存在VIE结构的目标公司先行拆解VIE结构,使交易彻底与VIE结构"脱钩"的方式实施规避触发反垄断申报义务。我国首批获得支付牌照的企业有27家都采用VIE结构包装上市并获得融资,这些通过"协议控制"实施经营者集中行为的企业均未履行反垄断申报义务。

(四)"扼杀式并购"作为新型反竞争行为自成一类

"扼杀式并购"又称"杀手式并购",是指获得垄断地位的平

① 参见李萧然:《违背契约挟天子以令诸侯,支付宝股权纷争马云最终获胜》,载《IT时代周刊》2011年第16期。

台企业为了在新一轮技术竞争中抢占先机,采用各种手段收购、复制属于创业初期的竞争对手的行为。实施“扼杀式并购”的企业往往通过其已经具备的市场规模优势与雄厚的资本优势全面收购处于初创期且具有实质竞争能力的初创企业或面临资金困境或经营管理困境的发展中企业,通过并购行为获取竞争对手的新技术或技术人员,以达到消灭潜在竞争对手的目的。垄断地位是指市场上一个或几个经济主体在相关市场中的市场份额比例过高,能够对市场价格、产量或者竞争水平进行影响。[①]虽然获得垄断地位并不等同实施垄断行为,但互联网平台领域的技术创新是遏制企业发展的核心,为了维持自身平台的竞争力,获得垄断地位的企业利用经济优势打压初创企业的行为比比皆是。

美国科技金融平台脸书于2021年布局了完整的支付部门,积极研发数字货币项目,成为具有金融属性的数字平台,美国在其2019年的《数字市场竞争调查报告》中指出,在脸书高管的内部通信中完整地呈现了脸书通过收购对其构成竞争威胁的公司来维持和扩大自己的优势的意思联络,并实施了相应行为,运用其自身搜集的海量数据优势构建了一个超级市场情报体系以识别潜在的竞争威胁,然后采取行动收购、复制和消灭了这些企业。截至2019年12月,脸书实施了近100次收购。为此,美国反垄断小组委员会敦促联邦贸易委员会调查脸书在2012年对其竞争对手照片墙(Instagram,Ins)的收购行为和2014年对社交服务软件

① 参见刘茂红:《中国互联网产业组织实证研究》,武汉大学2011年博士学位论文。

瓦茨艾普(WhatsApp Messenger)的并购行为,以及对其竞争对手藤条网络短视频公司的并购行为,核实脸书的并购行为是否对相应企业构成"扼杀式并购"。

(五)小结

通过考察数字金融平台垄断的既有案例发现,垄断行为集中体现在以下几个方面:一是垄断行为中的垄断协议行为 2 例,体现为新兴金融与传统金融是否能够相互接入,即数据接口的开放问题;算法垄断行为 3 例,均为国外判决的案例,体现为技术使用中的垄断风险问题。二是新兴金融行业的自我优待与二选一行为 10 例,掠夺式定价 1 例。三是违法实施经营者集中未申报案件 5 例。四是"扼杀式并购"的反竞争行为 3 例,因较难处理故作为单独一类。囿于案件性质特殊以及笔者资料搜集能力的限制,截至 2024 年 1 月通过统计得到数字金融平台垄断的案件 24 例。通过对数字金融平台垄断案例的统计分析发现,数字金融平台垄断行为的外观具有不同于传统垄断行为的外观表现的多样性。在上述垄断行为中,有的利用金融工具组合实施绕开反垄断监管,有的运用金融平台属性、数据特性、算法方式实施垄断行为,呈现出不同于传统垄断行为的外观表现,如自我优待行为、强迫二选一行为、协议控制与传统垄断行为的外观表现不同,扼杀并购、默契算法合谋、补贴定价等形式更因超出现有法律框架而难以规制。下面分析这些具有与传统垄断行为不同的行为外观的垄断行为的产生机理。

三、数字金融平台垄断行为的生成机理

(一)平台网络效应"锁定"垄断

消费者福利主义理论以效率为核心,用价格和产量等指标衡量竞争损害的标准,但平台垄断具有与传统垄断不一样的产生基础,平台的网络效应与双边市场特征构成了区分传统市场垄断的基础。布莱恩·阿瑟(Brian Arthur,1983)把平台网络效应对用户黏性的影响称为"锁定效应",用来形容用户对平台的依赖关系。网络效应的存在容易造成平台"赢者通吃",进而可能引发市场垄断,最终形成大型平台企业长期垄断,造成不公平竞争的结果。转换成本的提高也使用户失去转换激励。数字金融平台的双边市场特性加速了杠杆垄断效应,通过流量双向传导形成垄断的自我强化。[①] 平台公司培育的互联网金融企业受益于平台所拥有的现成巨量客户群及相关数据,能够快速进入人们的金融消费场景中,再不断积累消费者的金融数据以构筑更高的壁垒,形成强者恒强,大者恒大的马太效应。[②] 平台金融双边市场的特征造成平台垄断与传统单边市场垄断不同的形成机理。首先,双边市场中平台垄断的主体与传统市场不同,主体从单边变为双边,原有的基于价格的NISSP判定方法失效;其次,平台没有固定不变的市场地位与明显的市场边界,垄断力量借助平台传导,传导效应强,

---

① 参见李勇坚、夏杰长:《数字经济背景下超级平台双轮垄断的潜在风险与防范策略》,载《改革》2020年第8期。

② 参见舒文琼:《警惕移动支付的"马太效应"》,载《新视界》2014年第33期。

传播速度快;最后,平台金融的生产要素从有形变为无形,三者统合了双边市场垄断的形成机理,传统反垄断法理论无法解释基于平台网络效应产生的垄断行为。

平台网络效应下,用户对平台的忠实度与黏性强,头部平台的寡头竞争格局基本形成。平台创新叠加垄断方式的创新改变了潜在的价格与利润的分配方式,[①]数字金融平台利用资金的支配性优势,将庞大的资金投入其产品,又通过发放补贴、免费提供等方式锁定消费者,增加客户黏性,形成相对固定的消费群体。例如,百度地图、谷歌地图的耗资巨大,其对用户免费使用,平台公司的这种金融优势是初创企业无法达到的,为了进一步巩固优势地位,持续的扼杀并购进一步阻碍了初创企业的技术创新。

(二)平台数据优势与技术优势统合

数字金融平台在金融数据优势与技术优势的统合下,形成了隐匿化的垄断风险。第一,数据要素是数字金融平台赖以生存壮大的基本要素,信息资源与数据资源是数字金融平台的基础资源。在资本要素的支撑下,平台运用积累的大量的信息资源与数据资源支撑技术创新,技术创新的平台进一步获取更多的双边市场信息与数据资源,形成数据优势与信息优势,使平台企业通过信息垄断形成新的技术垄断。一方面,平台企业利用信息和技术

① 新制度经济学派代表人物道格拉斯·诺思与制度创新理论创始人兰斯·戴维斯指出,只有在两种情况下才会发生制度变迁,一是创新改变潜在利润,二是当创新成本的降低使制度安排的变迁有利可图。参见[美]兰斯·戴维斯:《制度变迁与美国经济增长》,格致出版社2019年版,第99页。

的不对称实施的基于算法的差别定价与共谋定价行为很难被发觉，基于技术的算法垄断行为具有很强隐蔽性；另一方面，由于技术的高门槛性，大型平台能够运用其获取的境外资本，通过技术研发进一步通过技术门槛、资金门槛吸引人才进行创新，再通过并购、投资等方式进军人工智能、量子科技、区块链等新兴技术领域，形成更加广泛的技术优势，进一步提升了技术门槛。

第二，数字技术的广泛渗透形成了行业边界模糊化、平台业务跨界化、平台生态一体化的平台特征，平台生态内多企业、多领域、多维度的业务活动进一步形成半封闭的平台生态圈，又将进一步形成平台生态链。在这个半封闭的平台生态链中，数据在平台中自由流动，平台企业则希望借助数据天然的低成本性与数据互通性，利用技术优势将其领域优势传导至更多领域从而获得更多利益，以谋求生态系统的控制权，进一步形成创新链的垄断闭环。大型平台将数据优势与技术优势统合形成的垄断效应进一步加剧了平台的垄断地位，为技术垄断行为创造了“得天独厚”的优势。

例如，算法定价的技术性隐蔽逆向激励了垄断的形成。经济合作发展组织（OECD）指出，促进默契合谋是算法给市场公平带来的主要风险之一。[①] 经济学、法学和信息科学领域学者的研究表明，算法一方面具有显著的正外部性，但另一方面也存在突出的负外部性。算法能够提高市场透明度并促进竞争，但透明度的提高也会反作用于企业，为协同行为创造条件。具体表现为，其一，算法能

① See OECD：Algorithms and colusion：Competition policy in the digital age (2017), https://www.oecd.org/competition/algorithms-colusion-competition-policy-in-the-digital-age.htm.

以不同方式促进合谋,或者本身即能达成合谋,给市场竞争带来了多种风险。算法理性不仅增强了默契合谋的稳定性,还能够帮助经营者规避合谋或协议行为的法律责任,如果一项自利行为不易被发现或不需要承担责任,那么即使这项行为会对他人造成损害也会成为逐利者的理性选择。① 故而算法合谋是逐利者之理性选择。其二,算法能够准确理解和预测对手的想法,有效地区分经营者对市场变化的自然反应而避免价格战。② 其三,算法能够使经营者走出囚徒困境,降低合谋者基于选择的道德风险,提升合谋者的信任度,增强合谋的稳定性。不过,定价算法不太会影响消费者需求的结构特征,消费者不会因此对需求发生变化。③

"扼杀式并购"的生成机理同样来自数据与技术的统合优势。美国联邦贸易委员会在调查2012年脸书平台对照片墙公司的收购案时发现,谷歌能够密切地追踪谷歌潜在和现实的竞争者的动态是源自对实时市场数据的追踪,通过数据追踪,谷歌获得了几乎完美的市场情况。谷歌对数据的把控使之"越来越像一个由相互闭合的垄断服务所组成的垄断生态系统服务提供商"。④ 平台垄断的形成首先得益于平台公司在过去10年来的数百次的收购。通过对潜在竞争对手的收购,平台公司可以对冲未来的竞争

---

① See Stucke, M. E. & A. Ezrachi, *How Pricing Bots Could form Cartels and Make Things More Expensive*, 2016, https://hbr. org/2016/10/how-pricing-bots-could-form-cartels-and-make-things-more-expensive.

② See Gal, M. S. , *Algorithms as Ilegal Agrements*, 34(1) Berkeley Technology Law Journal 67(2019).

③ See Deng, A. , *What do we Know About Algorithmic Tacit Colusion*, 33 (1) Antitrust 88(2018).

④ 李连发:《数字时代平台垄断的治理策略》,载《人民论坛》2022年第4期。

威胁;有时候平台公司将收购过来的公司直接关闭,将其产品的生产完全终止,这类收购被称为“杀手收购”。

技术优势与数据优势相结合令垄断行为的发生更加流畅,对人工智能 ChatGPT 通过数据与技术实施垄断的担忧体现在技术是否滥用信息数据来源方面,而数据叠加技术的创新是否会造成垄断风险则同样需要予以考虑。因此,有学者认为,数字平台竞争的本质是依托数字与技术的竞争,同一市场中技术不相容原理导致该市场必定走向垄断。[①] 竞争和垄断呈正相关关系成为金融平台独特的特点。

(三)平台行为与破坏性创新实质背离

根据熊・彼得的“破坏性创新”理论,某一市场开放程度越高,其市场竞争程度就越激烈,相关市场的技术革新就越迅速,对应行业的垄断性就越强,相应的其市场集中度也就越高。[②] 经济学家将大企业并购小企业视为比较优势、协同效应和专业化的体现。这种垄断的特质不同于传统的自然垄断,[③]当前互联网平台领域在竞争中形成了寡头垄断的格局,这种寡头垄断的格局也会传导至各平台布局的金融平台业务中,以获取更多利益。破坏式创新的目的依然在于创新,数字金融平台则借助“破坏式创新”的

---

① 参见李怀、高良谋:《新经济的冲击与竞争性垄断市场结构的出现——观察微软案例的一个理论框架》,载《经济研究》2001 年第 10 期。

② See Cunningham, C. , Ederer, F. & Ma, s. killer, *Acquisitions*, 10 Journal of Political Economy 1086(2020).

③ 根据经济学理论中的企业边界理论和梅特卡夫法则,最终同一市场只会存在一家企业即自然垄断,参见戚聿东:《自然垄断管制的理论与实践》,载《当代财经》2001 年第 12 期。

合法性达到扼杀竞争对手巩固市场地位的目的,客观上实施了破坏创新的行为。例如,平台实施杀手并购行为的根本目的在于收购技术,敛集数据或消除竞争对手,平台的行为达成破坏创新的效果。

平台行为与破坏性创新的实质性背离,主要原因在于企业社会责任缺失。平台的社会责任需要激励机制作为保障,声誉机制是内部激励的重要措施,然而在数字金融平台履责期间,声誉激励机制缺失,数字技术性垄断的反向激励与平台天然的垄断特质对平台垄断地位的巩固都进一步诱致垄断行为发生。实质上,平台越大,对平台应当负担的道德性要求就越高。[①] 过去几年里,道德失范行为在数字金融平台频繁呈现,利用数字金融平台实施庞氏骗局是道德失范的典型,诸如在2015年年底"e租宝"事件导火索下,P2P平台风险陆续爆发直至全面清零,平台社会责任缺失成为平台创新异化的主要原因。打车软件利用地位优势在其内部金融平台系统中载入算法技术对平台消费者实施大数据杀熟的行为难以用传统反垄断意义上的"歧视"概念对其行为予以界定,但是这种差别对待的行为显然侵犯了消费者的公平交易权,相关平台利用制度漏洞对消费者进行信息误导,映射出部分企业商业道德的丧失和诚信的缺失,违反了市场公平竞争原则。

依据商业伦理标准判断竞争行为的正当性,也是竞争法属性的典型体现。[②] 市场监督管理总局通过颁布司法解释进一步丰富

---

① 参见方军、程明霞、徐思彦:《平台时代》,机械工业出版社2018年版,第16页。

② 参见孔祥俊:《论反不正当竞争法的竞争法取向》,载《法学评论》2017年第5期。

了网络平台企业商业道德的法律渊源，[①]明确互联网行业开展行业竞争时应遵循基本商业道德规范，但鉴于我国反垄断法与反不正当竞争法的分立式立法形式，市场监督管理总局很难将反不正当竞争法的规则适用于网络市场领域的垄断行为。并且，对于市场上网络领域市场竞争中存在的商业道德不明确、不规范的现象，道德标准也相对粗略，需要与时俱进。[②] 网络领域市场竞争中商业道德的自发形成存在障碍，有关部门主动认定网络领域市场竞争中的商业道德具有必要性。[③] 超大型平台基于特殊优势，有承担义务性道德责任的能力，遵循互联网上互联互通的基本规律，促进科技创新，遵守媒体传播规则进行信息内容建设和信息服务，维护公平公正的商业环境。

（四）数据权属争议下的规则供给不足

数据是数字平台赖以生存的基础，正如前文所述，平台借助数据与技术优势统合实施垄断是当前平台的普遍特点。数字金融平台对数据垄断形成进入壁垒不仅体现在金融数据上，还体现在平台的各类其他数据上，这些数据都能够为平台金融业务所用。数字平

---

① 2021年8月18日，最高人民法院发布《关于适用〈中华人民共和国反不正当竞争法〉若干问题的解释（征求意见稿）》，第25条、第26条将"有悖诚实信用原则和商业道德"作为认定《反不正当竞争法》第12条第2款第4项网络不正当竞争行为兜底情形的依据。2021年8月17日，市场监管总局发布《禁止网络不正当竞争行为规定（公开征求意见稿）》，第2条第1款重申了经营者通过互联网等信息网络从事生产经营活动，应当"遵守商业道德"，并在第16条明确将商业道德作为是否将经营者行为界定为"恶意对其他经营者合法提供的网络产品或者服务实施不兼容"的考虑因素。

② 参见柯景宋：《网络领域市场竞争中的商业道德——兼议〈禁止网络不正当竞争行为〉的道德价值》，载《中国市场监管研究》2021年第11期。

③ 参见孔祥俊：《论反不正当竞争法的竞争法取向》，载《法学评论》2017年第5期。

台在获取用户数据、施以创造性加工时，就通过提供产品或服务在数据归集阶段从源头上对数据实施控制，在数据使用阶段通过控制、加密等技术对数据的访问和使用进行封锁、限制，不当地形成了数据滥用与数据封锁。数据垄断源自现行法律规则的供给不足，法律规则供给不足的根源在于对数据要素的权属争议。

关于数据的权利归属问题基本形成了“公共物品说”和“数据确权说”两种观点。“公共物品说”认为，数据因其公共物品属性不宜确权，强调数据的非竞争性与非排他性，建议暂时搁置确权争议，如若进行数据确权应削弱权利的排他性。新设数据产权不适合保护创新与促进技术进步，[1]原始数据难以排他性适用，[2]这些观点体现出不对数据确权的基本思路。“数据确权说”认为，在对数据确权时综合考虑平台性质、数据主体、数据行为的性质等多种因素，提出两种数据确权的思路。第一种思路为类比传统物权、知识产权的原理确定数据权利的归属；第二种思路为贯彻分类思想，根据数据类别进行确权。丁晓东提出遵循场景化规则的平台数据确权的制定方式，龙卫球提出对数据权利区分底层或初始数据配置人格权益和财产权益的配置思路，个人数据强调信息保护，对经营者数据配置数据经营权及数据资产权。[3] 武长海、常铮提出根据基本合同理论对不同数据种类、数据主体和数据拥有

① 王延川：《数据法人：超级平台数据垄断的治理路径》，载《国家检察官学院学报》2022 年第 6 期。

② 参见唐要家：《反垄断经济学理论与政策》，东北财经大学出版社 2008 年版，第 266 页。

③ 参见龙卫球：《数据新型财产权构建及其体系研究》，载《政法论坛》2017 年第 4 期。

者分别确权，加强对数据交易合同的规制。[①]

2020年3月人民银行、国家发改委、财政部、银保监会、证监会、外汇局联合印发的《统筹监管金融基础设施工作方案》草案曾将数据确定为基础设施，后又删除该规定，立法部门对数据权的审慎态度体现出对数据确权的慎重以及对创新目标的考量。数字金融的发展建立在对大数据的高级开发和利用上，海量数据通过信息解读转化为创造性的知识，支撑经济主体实现高质量的发展。唐·泰普斯科特提出，各环节的海量数据是新的资产。[②] 数据的表现形式是数字化，数字技术与金融活动的融合让数据成为新的关键生产要素。2020年4月，国务院明确数据要素是与土地、劳动力、资本、技术等传统生产要素并列的新型生产要素。2022年12月19日，中共中央、国务院发布了促进数据赋能实体经济的重要文件《关于构建数据基础制度更好发挥数据要素作用的意见》（简称《数据二十条》），文件提出20条政策举措，从数据产权、流通交易、收益分配、安全治理等方面构建数据基础制度。《数据二十条》在数据产权方面提出推进公共数据、企业数据、个人数据分类分级确权授权，建立数据资源持有权、数据加工使用权、数据产品经营权等分置的产权运行机制，提出探索数据产权结构性分置制度，建立数据资源持有权、数据加工使用权、数据产品经营权“三权分置”的数据产权制度框架。在安全治理方面，提

---

① 参见武长海、常铮：《论我国数据权法律制度的构建与完善》，载《河北法学》2018年第2期。

② 参见[美]唐·泰普斯科特：《数据时代的经济学》，毕崇毅译，机械工业出版社2016年版。

出创新政府数据治理机制,压实企业的数据治理责任,充分发挥社会力量多方参与的协同治理作用。《数据二十条》为充分发挥中国海量数据规模和丰富应用场景优势提供了制度基础,为激活金融数据要素潜能,增强金融发展新动能提供了政策依据,在此背景下,数字技术利用中潜在的垄断行为的规制主体和规制方式成为亟须进一步研究解决的重要问题。

(五)平台、数据、算法是垄断新样态的生成基因

通过剖视数字金融平台垄断行为的生成机理发现,数字金融平台垄断行为成因集中体现为基于平台、数据、算法三种因素而产生的各类反竞争行为。这些反垄断行为因为阻止新的企业进入市场、限制竞争、损害创新而具备反垄断法的立法目的,然而又因现行反垄断法的法理无法涵摄行为构成要件而难以规制,平台、数据、算法是生成于网络平台且有别传统垄断行为的新型反竞争行为的基因,这种基因是隐性的,具备这种基因并不必然导致垄断,但行为人能够利用这种基因诱发垄断,将隐性转为显性。数字金融垄断的金融行业属性还决定了诸如基于 VIE 技术的垄断行为因金融合法性难以由反垄断执法机构界定而游走于反垄断法律规制的模糊地带。

四、数字金融平台垄断行为的特性阐释

通过对数字金融平台垄断行为实践样态的观察发现,数字金融平台垄断行为的特殊之处在于,其垄断行为具有行为双重性、风险叠加性、治理复杂性的特性。

(一)行为的双重性

从行为性质看,数字金融平台的垄断行为兼具竞争性与金融性,正如一枚硬币的正反两面不可分割。数字金融平台的本质是金融,其实施的行为是金融行为,受金融监管机构监管,具有金融属性。如果平台实施了反竞争的行为,如拒绝其他主体数据接入,又或者实施了经营者集中的行为,则该竞争行为既属于反竞争行为又属于金融行为,既受反垄断法规制又受金融监管监管。例如,数字金融平台在谋求协商一致的垄断性价格时,其反竞争行为直接产生作用于金融市场的效果。数字金融平台的竞争行为与金融行为同为一体两面,这是由金融行业的本质属性决定的。

(二)风险的叠加性

数字金融平台垄断行为的另一个特性是风险的叠加性。风险的叠加性主要体现在数字金融平台的垄断行为具有的反竞争效果与金融风险的叠加。数字金融平台内生于平台垄断行为的“平台—数据—技术”的作用和垄断行为的金融属性的叠加,导致风险加剧。形成机理是,数据是平台垄断的核心支撑。① 数字金融平台内储存的海量消费者数据一旦受到黑客攻击并造成数据泄露,就可能影响国家数据安全。② 金融平台交易数据是平台运

---

① 参见张淑芬、郑联盛:《大型互联网平台的特征、垄断行为与反垄断路径》,载《重庆理工大学学报》2022 年第 9 期。

② 参见 2019 年 11 月中国人民银行发布的《中国金融稳定报告(2019)》。

营的基础,在“平台—数据—活动”的结构下,平台垄断风险由因信息不对称导致的垄断风险向因数据不对称导致的垄断风险嬗变,平台在网络平台效应、数据与平台活动的共同作用下形成的数据垄断风险进一步体现为利用算法和技术实施的垄断行为,算法共谋、扼杀并购等行为皆因平台对数据的控制与利用产生,由数据导致的平台垄断风险是平台反垄断关注的焦点,基于数据垄断造成的反竞争效果是平台反垄断治理的核心。在数字金融平台“平台—数据—技术”结构的共同作用下,数据垄断风险快速传递到金融风险中,因数据垄断风险导致的反竞争效果作用于金融风险不仅推高了金融风险,还可能引发系统性风险问题。

数字金融平台反竞争效果与金融风险的叠加,可能引致以下三层危害。

第一,从市场机制视角,数字金融平台垄断风险反竞争效果与金融风险的叠加可能导致金融市场风险定价机制失灵,导致金融风险缺乏判断的客观标准。数据垄断形成的垄断价格会影响市场价格机制,导致价格信号失灵,在伦敦银行同业拆借利率算法合谋垄断行为案件中,交易员规避了独立行事的决策风险,使得国际利率按照合谋的方式起伏,导致真实的金融风险被隐藏。而金融机构规避风险的最有效方式是通过市场机制进行风险定价,如果价格信号失灵,金融机构便会失去对风险的感知能力。[①] 数据垄断风险下,垄断定价使价格信号失灵进一步致使价格机制失灵,金融机构无法通过市场机制实现风险定价,金融风险的跨

① 参见张扬:《互联网金融平台垄断与反垄断监管》,载《人民法治》2021 年第 5 期。

区域性叠加平台网络效应使杠杆系数倍增,导致风险敞口放大,金融风险借助跨边网络效应加速传导,大大增加了金融风险传播系数。风险借助平台网络效应在实体经济与平台经济之间、金融业务与经济业务之间快速传导,进一步提高了风险的杠杆指数。这种情形源自网络平台双边平台效应与数据垄断特征,在现有监管体系下难以抑制。

第二,从市场规则视角,数字金融平台垄断风险反竞争效果与金融风险的叠加提高了金融市场进入壁垒,将要素限制在平台内,限制了数据的自由流通,平台利用其掌握的数据信息优势参股持股,或在作出决策时利用优势地位迫使其他小股东接受自己的方案,或是影响投资者的决策安排,建立优势地位,划分优势范围,阻碍了金融市场的开放统一,形成金融行业内的条块分割。

第三,从国家金融安全视角,数字金融平台垄断风险反竞争效果与金融风险的叠加导致风险敞口被放大,可能形成系统性风险,增加金融脆弱性,影响金融稳定。2023 年 3 月,硅谷银行宣布破产时,3M LIBOR 指标处于 5% 的高位,与 2008 年金融危机爆发前一年的 3M LIBOR 指标十分近似,而在此前 3M LIBOR 指标一直处于较为稳健的状态,被认为是因为银行对其实施算法合谋行为导致 LIBOR 未能真实反映金融市场的风险。

国际货币基金组织、国际清算银行和金融稳定理事会将系统性风险定义为:由于金融体系的全部或部分受损而导致金融服务流动中断,并对实体经济产生潜在影响。[①] 网联清算平台作为我

---

① See FSB, *Guidance to Assess the Systemic Important of Financial Institutions*, Markets and Instruments: Initial Considerations, October 2009.

国重要的金融基础设施,2022 年处理业务 7713.49 亿笔,金额 450.50 万亿元,较 2020 年非银行支付规模 271 万亿元增长 66.23%,[①]从参与主体数量、市场规模比重上看都具有更大的系统性风险。头部平台企业涉足各类金融和科技领域混业经营,运营风险兼具复杂性和外溢性,形成系统性风险隐患,[②]进而加剧了国家金融安全隐患。

基于此,全球金融监管改革都将数字垄断风险作为防范的重点风险,对具有系统性风险的"大互联不能倒"的新型金融机构的数字垄断风险的治理更是各国改革的重要措施。[③]

(三)治理的复杂性

数字金融平台反垄断治理的复杂性体现在利益关系多重性、治理工具多样性、治理目标多元性三个方面。

一是利益关系多重性。数字金融平台反垄断的治理复杂性首先体现在关涉利益主体众多。数字金融平台行业参与人员众多,金融投资者为广大不特定公众,人员结构复杂。由于国家对传统金融业改革与发展监管颇为严格,传统金融发展进程中留下大批市场空白,这些市场空白由数字金融行业填补,因此投资者具有投资金额单笔额度低、总额高的特点,行业参与人员结构复杂,广大农村地区及农民群体突破了时空的限制将家庭资产投资

---

① 相关数据来源见中国人民银行发布的《2022 年支付体系运行总体情况》。

② 参见张歆:《关注新型"大而不能倒"风险及时精准拆弹》,载《证券日报》2021 年 12 月 9 日,A1 版。

③ See Lin T C. ,*Artificial Intelligence*, *Finance*, *and the Law*, 88(2) Fordham Law Review 531(2019).

到金融活动中,涉及人员人数众多。其次体现在涉及主体的利益关系众多。数字金融平台领域存在新兴的互联网金融平台之间、新兴的互联网金融平台与传统金融机构之间的竞争关系,涉及竞争者利益,金融消费者利益,投资者利益等多个群体利益。在竞争关系中的平台常常扮演双重角色,既是市场交易的竞争参与者,又是市场交易的主体管理者。数字金融平台的公共属性与平台地位中心化的特性使数字金融平台的治理“不能以商业盈利作为指挥棒,而是要兼顾公益性与稳定性”。

二是治理工具多样性。数字金融平台反垄断的治理复杂性还体现在治理工具的多样性上,单一的治理工具无法解决所有问题。从市场规制工具看,我国竞争法领域的以命令控制型规制工具为主,辅以一定的制度激励型规制工具。例如,采用命令控制型规制工具对经营者集中进行审查,对违法行为进行罚款;制度激励型规制工具如对举报者予以奖励。上述治理方式相对单一,实施效果也较为有限。例如,在算法共谋的情况下,算法实施合谋定价的理性与隐蔽性增强了合谋者默契合谋的稳定性,使经营者走出囚徒困境,降低合谋者基于选择的道德风险,提升合谋者的信任度,奖励这种制度激励型规制也就失去效用,需要探求更为合理的治理工具。从监管模式看,反垄断法采用事后监管的方法,如滥用市场支配地位并不以取得市场支配地位为标准,而以滥用市场支配地位为审查对象;又如,在经营者集中审查中,要求经营者主动申报,未申报者也只是采用要求补充申报或者进行最高不超过 50 万元的罚款予以事后监管。数字金融平台市场的“扼杀式并购”行为一旦发生,仅靠罚款难以救济权利已然受损的小型平台企业，由垄断风险传导的系统性金融风险一旦形成将更加难以补救。从金融监管部门的监管措施看，金融监管机关曾积极采用事前许可的方式规范支付平台，却在无形中推动了已具有资金优势与一定用户数据优势的支付平台企业形成更强的垄断地位，限制其他支付平台创新发展的机会。因此，单一的监管模式与单一的规制工具均不能有效地发挥反垄断的效果，数字金融平台反垄断需要治理工具多样化。

三是治理目标多元性。治理目标的多元性具体体现为治理考量因素具有多元化特征。与世界各国一样，我国反垄断法也呈现出多元化的立法目标。我国反垄断法的目标既体现了保护公平竞争、提高经济效率、增加消费者福利的目标，又体现了维护社会整体利益、促进社会主义市场经济健康发展的目标，2022 年新实施的《反垄断法》新增“鼓励创新”的立法目标，以匹配数字平台时代“扼杀式并购”这类阻碍小企业创新的行为。这种多元化立法目标的设定是实现反垄断法作为经济“宪法”与其他政策工具相协调的重要依据。

美国与欧盟在市场失灵时引入监管纠正性干预措施，实践中形成了以效率和公平为共识的反垄断治理目标。但是，当我们将这种经济性质的效率目标转化为法律规则和公共政策选择时，效率的概念不仅与公平无关甚至还可能产生冲突。效率标准作为经济学标准被纳入法律标准，可能损害部分利益，形成社会内部的不平等。当经济理论被用作市场监管的法律框架时，效率作为法律体系规范目标的充分性就变得更加紧迫。如果为了追求效率而损害了公平，竞争法执法机构应当发挥其协调功能作出政策选择。

为了保护金融创新,我国金融监管机构对互联网科技一直采取宽松的审慎包容的监管态度与柔性监管政策,大量互联网平台公司借助监管"黄金期"布局金融业务,实现了向大型平台与金融平台的跨越,进一步带来垄断风险,推高了金融风险。由此我国加大了对数字金融平台的监管力度。如何实现创新性目标与金融风险控制的综合平衡问题,是监管部门面临的又一考验。当代的竞争和监管政策必须适应金融创新与风险防范这两个经常对立的目标,监管行为有效与无效之间的界限可能存在"模糊"地带,对这类问题的解决方案,没有先验的方法可供选择。

五、小结

数字金融平台的特性叠加垄断使数字金融平台反垄断监管举步维艰。平台创新叠加垄断方式的创新改变了潜在的价格与利润的分配方式,产生了现有反垄断制度与反垄断法理论无法解决的新问题。垄断行为是市场失灵的表现形态,是一个相对理想化的价格市场机构体系未能维持理想行为或禁止不理想的行为的结果。①

本章首先界定数字金融平台的概念与类型,揭示数字金融平台在竞争环境中呈现的特性,其次通过观测数字金融平台市场运作情况,对数字金融平台的垄断表现进行梳理,归纳出数字金融平台领域的垄断形态,剖析数字金融平台垄断行为的成因,分析

① See Bator, Francis M., *The Anatomy of Market Failure*, 72(3) Quarterly Journal of Economics 351(1958).

归纳数字金融平台垄断行为的特性。

本章指出,竞争环境下数字金融平台呈现出平台网络效应推高金融风险、平台深度混业经营下经济金融业务混合展业、平台地位中心化、部分数字金融平台具有公共属性等新的特性,这些特性一定程度上隐含了对反垄断协同治理的现实需求。本章认为,数字金融平台垄断行为的特性在于其行为的双重性、风险的叠加性和治理的复杂性,这也是数字金融平台垄断行为区别于其他行业垄断行为的特殊之处。受制于市场机制存在的平台网络效应"锁定"垄断、平台数据优势与技术优势统合强化垄断、平台行为与创新背离以及数据权属不明等固有缺陷,数字金融平台经营过程中出现的垄断风险需要"政府之手"及时介入干预,维护公平竞争的市场秩序。

第二章　数字金融平台反垄断治理机制考察及困境揭示

数字金融平台市场机制的固有缺陷引发的负外部性需要法律性质的纠正性干预，世界各国都将竞争法和监管作为解决可能出现的市场缺陷的两种法律工具。数字金融平台借助数据、技术与平台优势实施的垄断行为与当前对创新的要求实质背离，如何平衡金融稳定发展与市场有序竞争的内在冲突，在回应政府与市场经济对反垄断治理基本要求的基础上解决数字金融平台领域反垄断监管不足的难题是当下面临的重要问题，也是我国数字金融创新能否行稳致远的关键。

2008 年《反垄断法》的颁布为中国金融市场的发展带来了新的机遇和挑战，我国产业垄断局面陆续被打破，唯独金融领域垄断局面保留至今，反垄断执法机构对数字金融平台涉嫌垄断的行为也迟迟未动，直至 2021 年对数字金融平台此前违法实施的数例经营者集中行为予以集中处罚。处罚迟缓的表象引人反思问题所在,并引导我们追根溯源式地探索制度背后的问题。本章审视数字金融平台反垄断治理的现状及缺失,从数字金融平台的监管主体与反垄断执法主体分别切入,探索两者竞争耦合的关系。在此基础上,进一步深入困局产生的制度土壤分析困境背后的成因,揭示我国数字金融平台反垄断治理的困局。

在前文对我国数字金融平台治理困境的揭示表明,我国数字金融平台治理模式存在一定的缺失,究其根由,则主要在于我国数字金融平台治理主体的模糊性,究竟是行业监管机构还是反垄断机构应当承担数字金融平台反垄断的监管职责法律规定不明,实践中也运行混乱。因此,从监管模式的视角展开对治理主体的考察,进而揭示我国数字金融平台反垄断治理困局,无疑是抓住了解决问题的钥匙所在。

一、我国数字金融平台反垄断治理主体的考察——基于监管模式的视角

对于上述数字金融平台发展过程中呈现的各类垄断形态,需要监管部门予以因应。我国长期以来存在传统国有经济命脉行业是否适用《反垄断法》的争议,延续至金融行业更无定论,金融行业反垄断监管的缺失也令问题更加扑朔迷离。应当首先辨明数字金融平台的反垄断执法主体,明确的执法主体是规制对象行为的前提。辨明数字金融平台反垄断执法主体的核心在于明确执法部门的执法依据,执法依据决定执法机构的执法能力与执法范围。

(一)反垄断机构监管权由模糊到清晰的规则再造

我国2008年实施的《反垄断法》规定,[①]由“国务院规定的承担反垄断执法职责的机构”负责反垄断执法工作,但整部法律既未提及金融机构的反垄断问题,又未将金融监管机构作为反垄断执法机构纳入机构设置,[②]因此形成有关金融行业是否适用反垄断法的争论。金融行业的反垄断执法主体也一直语焉不详。

2008年《反垄断法》自立法之初就存在金融行业适用与否的争议,该争议集中体现在对其第7条[③]的讨论上。学者们就第7条规定的“行业”是否适用反垄断的除外制度产生争议,从而形成两种针锋相对的观点。[④] 关涉金融行业同样存在两种意见,一种

---

① 参见2008年实施的《反垄断法》第10条第1款。

② 国家发改委的职责为:依法查处价格违法行为和价格垄断行为;商务部的职责为:负责经营者集中的反垄断审查等工作,承担国务院反垄断委员会的具体工作;国家工商行政管理总局的职责为:负责垄断协议、滥用市场支配地位、滥用行政权力排除限制竞争方面的反垄断执法工作(价格垄断行为除外);国务院价格主管部门的职责为:全国反价格垄断执法工作。参见国务院机构改革方案和国务院《关于机构设置的通知》(国发〔2008〕11号)中对国家发改委、商务部、国家工商行政管理总局在反垄断执法方面的职责分工的规定;另见《反价格垄断行政执法程序规定》(发展改革委令第8号)第1条对国务院价格主管部门在反垄断执法方面的职责分工的规定。

③ 《反垄断法》第7条第1款规定“国有经济占控制地位的关系国民经济命脉和国家安全的行业以及依法实行专营专卖的行业,国家对其经营者的合法经营活动予以保护,并对经营者的经营行为及其商品和服务的价格依法实施监管和调控,维护消费者利益,促进技术进步”,第2款又从反面规定了“不得利用其控制地位或者专营专卖地位损害消费者利益”。

④ 一些学者认为“经营者的合法经营活动”旨在确认国有经济的垄断地位和相关垄断经营活动的合法性,构成《反垄断法》在这些行业中的适用除外,“对经营者的经营行为及其商品和服务的价格依法实施监管和调控”的规定则可以进一步解释为,这些行业不是适用《反垄断法》维护的市场竞争规则,而是依靠监管机关的管制决定资源配置。

意见认为金融行业属于《反垄断法》的适用除外，另一种意见认为反面规定才是《反垄断法》的主要态度，诸如金融行业这类特殊行业在《反垄断法》中并无特殊之处。①

中国国有资产监督管理委员会在〔2006〕97号文件中的阐释为我国数字金融行业能否适用《反垄断法》进一步增添神秘色彩，文件第2条第3款②对"关乎国民经济命脉的重要行业和关键领域"的界定与数字金融平台的现状高度契合，我国数字金融平台自设资金池、资金流向不记名难追踪、洗钱等金融安全问题涉及国家安全，部分数字金融平台属于金融基础设施，数字技术更是与高新技术产业相匹配，数字金融平台已经与传统金融一样成为涉及国家安全，拥有重大基础设施，面向高新技术的重要产业。

新兴金融行业诞生以来，数字金融平台涉猎的反竞争行为鉴于前述争议，传统银行业是否属于《反垄断法》的适用除外一直存在争议，数字金融平台的反垄断监管应当如何进行也踟蹰不前。

2021年2月，我国颁布了《平台经济领域反垄断指南》，此后我国反垄断执法机构对平台垄断予以了积极的执法回应，2021年查处反垄断案件175件，其中有5件是数字金融平台反垄断案件。执法案例廓清了反垄断执法机构对数字金融业的执法职能。2022年8月实施的《反垄断法》第13条明确规定反垄断执法权统

---

① 参见刘继峰：《我国金融业反垄断执法：历史沿革与未来方向》，载《中国外汇》2022年第1期。

② 中国国有资产监督管理委员会发布的《关于推进国有资本调整和国有企业重组指导意见》（国办发〔2006〕97号）第2条第3款规定："重要行业和关键领域主要包括：涉及国家安全的行业，重大基础设施和重要矿产资源，提供重要公共产品和服务的行业，以及支柱产业和高新技术产业中的重要骨干企业。"

一划归反垄断执法机构,我国反垄断机构对金融行业的执法权由模糊走向清晰。

(二)金融监管机构的反垄断监管权由清晰到模糊的困惑

金融监管的目标是实现金融有效监管的前提,也是监管当局采取监管行动的依据。确保金融稳定安全、防范金融风险,规范金融机构行为、促进公平竞争是我国金融监管总体目标中的两大目标。①

1. 由谁监管:数字金融平台领域模糊的反垄断监管主体

考察我国金融行业发展的历史可知,我国金融行业起步较晚,传统金融行业竞争力不强,在20世纪90年代金融业各方面软硬条件都相对落后的发展初期,国家通过各种手段鼓励金融业发展,避免国外竞争力冲击下民族产业的衰退,提升行业竞争力。2006年,为了迎接对外开放后的外资进入形成的冲击,国务院还发文鼓励拥有国有资产的企业进行经营者集中,增强国际竞争力。

我国《反垄断法》于2007年8月30日通过,自2008年8月1日起实施,考察我国金融监管法律法规的颁布史可知,金融监管相关法律法规的出台均早于《反垄断法》。在金融监管立法文件中规定了原则性的公平竞争的思路,《证券法》规定国务院证券监督管理机构是全国证券市场的集中统一监督管理机构,是否能作为反垄断执法权的依据有争议。我国颁布的《银行业监督管理

---

① 参见郭田勇:《金融监管学》(第4版),中国金融出版社2020年版,第9页。

法》第3条第2款规定“银行业监督管理应当保护银行业公平竞争,提高银行业竞争能力”,《保险法》第67条第2款规定“国务院保险监督管理机构审查保险公司的设立申请时,应当考虑保险业的发展和公平竞争的需要”,《证券公司监督管理条例》第16条第2款规定“国务院证券监督管理机构审批证券公司及其分支机构的设立申请,应当考虑证券市场发展和公平竞争的需要”,这些条款均明确指出金融监管部门在实施监管时应当“保护”和“考虑”行业的公平竞争问题。

考察现行金融监管立法与执法模式可以得出,我国金融行业采取金融监管部门单一式监管的治理模式,即“单一执法模式”或“一元治理模式”。单一治理模式下金融监管机构对金融机构的行为实施全面监管,在进行规则设计时对传统金融机构赋予反垄断监管目的重合的职责要求,金融监管时应当考虑与保护维持市场公平竞争的良好秩序。但相关立法文件并未设计数字金融平台公平竞争行为的金融监管规则。据《反垄断法》第20条规定,垄断行为的合理理由包括技术创新、促进效率和实现公共利益等方面,因此垄断行为可分为合理的垄断行为与不合理的垄断行为。数字金融平台的行业特征与技术创新高度契合,基于改进技术的创新与增进效率降低成本等合理运用能够成为数字金融平台具有排除、限制竞争效果的除外适用依据,由此看来,数字金融平台的反垄断规制似乎应当由反垄断执法机构予以统一监管,然而由于数字金融平台的法律属性一直较为模糊,监管主体不明确,对于不同类型的数字金融平台监管立法文本分散,相关规章制度还处于立法调试阶段,加之数字金融平台的垄断行为呈现出新的样态又具有不同于传统机构垄断行为的新特性,反垄断执法机构与金融监管机构在缺乏明确指引的情况下为避免过度监管造成行政行为违法,并未对数字金融平台的相关行为予以调整,令数字金融平台的反垄断监管处于真空地带。

2. 规则制定:监管权界定的初步尝试

从金融脱媒的视角看,数字金融平台的发展模式体现了民间意思自治与市场对金融市场自由竞争的需求,突破了国有控股的局面,促成竞争开放的金融市场的形成,我国金融市场格局发生了根本性改变,金融行业反垄断监管成为当下反垄断执法工作的重要任务。在头部数字金融平台争相建立自己的综合金融"王国"时,运用各类手段排除竞争,不断巩固自身市场地位,对相关市场的竞争者的挤出效应越发显著。2020 年至 2021 年,我国通过制定《国务院关于实施金融控股公司准入管理的决定》《金融控股公司监督管理试行办法》《非银行支付机构条例(征求意见稿)》三部文件新形态金融业实施穿透式管理。

2020 年 9 月,国务院授权央行对金融控股公司的准入监管权,《国务院关于实施金融控股公司准入管理的决定》规定中国人民银行对金控公司"……组织实施监督管理,可以采取相关审慎性监督管理措施"。中国人民银行主要职责见《中国人民银行法》第 2 条"在国务院领导下,制定和执行货币政策,防范和化解金融风险,维护金融稳定"。该法第 4 条规定:"中国人民银行履行下列职责:……(十三)国务院规定的其他职责。"随后,中国人民银行公布了《金融控股公司监督管理试行办法》,第 11 条规定:"金融控股公司的控股股东或实际控制人不得存在以下情形:……(三)金控公司控股股东或实控人滥用市场垄断地位或技术优势不正当竞争。(四)操纵市场、扰乱金融秩序……”第35条第2款规定:“金控公司与所控金融机构外其他关联方的关联交易违背反垄断规则。”第11条与第35条的规定反映出央行对金融控股公司的控股股东或实际控制人实施反垄断监管执法权。非银行类支付机构方面,中国人民银行通过发布部门规章积极行使反垄断执法权。在央行会同相关部门于2021年起草发布的《非银行支付机构条例(征求意见稿)》中,第54条规定了对第三方支付机构在公平竞争方面的监管要求,“非银行支付机构不得开展不正当竞争,妨害市场公平竞争秩序”。该法第55条和第56条就非银行支付机构市场支配地位的预警措施与监管措施,市场支配地位的情形认定进行规定,旨在强化非银行机构支付领域的反垄断监管,避免监管套利和监管空白,维护市场公平的竞争秩序。第57条规定了中国人民银行对非银支付机构市场支配地位的监管措施,即“中国人民银行可以向国务院反垄断执法机构建议采取停止滥用市场支配地位行为、停止实施集中、按照支付业务类型拆分非银行支付机构等措施”,指明中国人民银行对非银支付机构的垄断行为拥有监管权与建议权,这可视为由金融监管机构提出的与反垄断执法机构业务协同的一次里程碑式的立法尝试,体现出被授权机关立法技巧更加成熟,对机构协同治理的理解更为深入,体现出金融监管部门主动通过立法行为进行业务衔接与协作的立法执法思路。

通过对关涉金融监管机构反垄断监管的条文的梳理,结合文件颁布主体与机构设置情况可得,我国金融监管机构对传统金融机构如银行业、保险业、证券业的反垄断执法权由法律直接规定，对金融控股公司、非银行支付机构的垄断行为则是由金融监管机构经国务院授权后享有执法权的权力赋予路径，金融监管机构在取得授权后在部门规章的拟定中对反垄断执法权的行使进行具体尝试。考察立法文件源流发现，我国立法机构已经注意到反垄断执法权中存在的问题，从中国人民银行于2021年发布的《非银行支付机构条例（征求意见稿）》第55条、第58条可以看出，立法与执法机关业已初步具备反垄断机构执法权与金融监管机构反垄断执法权并存的执法协同的立法与执法理念，业已初步形成反垄断机构执法权与金融监管机构反垄断执法权并存的具有中国特色的数字金融业反垄断协同治理的基本格局。

3. 再次通往模糊道路的金融机构反垄断执法权

2022年《反垄断法》第13条将反垄断监管权统一划归反垄断机构，规定反垄断监管机构能够通过授权将反垄断执法的部分职能授予其他机构，于此，填补了监管权规定的空缺，有效建立了金融监管机构与反垄断执法机构之间的关于反垄断监管权行使的关联。需进一步思考的是，中国人民银行是否有权判定金融控股公司与非银行支付平台的垄断行为，以及中国人民银行是否具备相应的专业能力判定金融控股公司与非银行支付平台的垄断行为。要求中国人民银行对垄断行为作出判断无疑会增加机构成本，超出机构现有行为能力，若因此要求央行增加一个专设机构用于判断垄断行为，显然与金融机构原有职能格格不入，甚至需要通过增编来解决人员专业对口问题，无疑增加了编制负担，让原本不足的人员编制雪上加霜，也不符合行政机构与人员编制设置的必要性与合理性要求。此外,作为与中国人民银行同一级别的反垄断监管机构能否进行授权,中国人民银行若依据《非银行支付机构条例(征求意见稿)》第56条和第57条的规定对相关主体的垄断行为进行认定,并向国务院反垄断执法机构作出停止滥用市场支配地位行为、停止实施集中、按照支付业务类型拆分非银行支付机构等措施的建议,该"建议权"应当如何理解,如何判断反垄断执法机构采纳的边界?相关规定让看似拨云见日的立法建议又笼罩一层迷雾,对新兴数字金融行业的反垄断监管权由清晰再次转向模糊。

(三)数字金融平台反垄断监管与金融监管的关系检视

1.反垄断监管与金融监管的关系:由对立冲突走向协同融合

刘乃梁将反垄断监管与金融监管在传统银行业监管中的关系归纳为对立冲突的关系,具体又体现为权力来源的冲突、权力实践的冲突和权力载体的冲突。[①] 笔者赞成前述对传统银行业中反垄断监管与金融监管对立冲突关系的分析进路,在此基础上尝试进一步向前推导,循迹于数字金融平台适用领域,认为数字金融平台反垄断中竞争监管与金融监管之间的关系同样遵循权力关系的分析进路,但在对立冲突中又呈现出协同调和的特征。

首先,从权力来源的冲突层面看,反垄断法是数字金融平台竞争监管的执法权实施的基础,金融监管则以《国务院关于实施金融控股公司准入管理的决定》《金融控股公司监督管理试行办

---

① 参见刘乃梁:《银行业反垄断规制的冲突及其协调》,载《法商研究》2019年第1期。

法》等文件为实施依据。根据法理学对不同法的渊源的效力层级的规定,《反垄断法》是法律,《国务院关于实施金融控股公司准入管理的决定》和《金融控股公司监督管理试行办法》是行政法规与部门规章,按照上位法优于下位法的基本规则,法律优先于行政法规与部门规章。新法优于旧法和特殊法优于一般法则是同一效力层级的法律识别时的特殊规则,由于两者并非在同一效力层级,因此无须再适用特殊识别规则进行判断。因此,在数字金融平台反垄断的实施过程中,在新法实施的条件下,金融监管与反垄断监管的权力来源冲突的条件归于消弭。

其次,从权力实践的冲突层面看,数字金融平台反垄断监管体现出反垄断法规制与金融监管在权力实践方面的冲突,传统银行业金融机构垄断行为的合理性源于反垄断法的适用除外规定及其行为的依法授权。相较于银行业金融机构,数字金融平台的反垄断规制规则呈现出权力实践层面的冲突。

数字金融平台的垄断行为既有传统形态又有新的特征,传统形态符合现有反垄断法分析框架的分析进路,新型特征突破了现行《反垄断法》的规制内容,因此无法直接将合理原则套用在数字金融平台的反垄断监管上,创新反垄断法规则和反垄断规制工具已经成为各国认可的共同思路。虽然数字金融平台符合合理理由中的技术创新、促进效率的基本规定,但由于其本身的垄断行为存在技术风险、创新风险以及平台行为与创新实质背离等多重问题,可能损害公共利益,因此是否适用合理原则还需区分情况讨论。例如,欧盟通过创新反垄断执法思路采用看门人规则对数字金融平台的数据垄断行为予以禁止的做法就体现出本身违法的思路,我国通过修正《反垄断法》的方式将数字金融平台垄断置于《反垄断法》框架下就体现出我国积极的反垄断监管尝试。例如,通过增加数字监管规定创新反垄断法制;又如,通过制定《互联网平台分类分级指南(征求意见稿)》《互联网平台落实主体责任指南(征求意见稿)》创新反垄断监管工具;再如,创新反垄断监管体系,改革反垄断机构设置,进一步提升反垄断执法机构的独立性与权威性,落实竞争政策的基础地位。为了解决原有垄断制度与当下平台经济垄断新形态不相匹配的问题,应对垄断行为频发与监管力量不足的矛盾,我国于 2021 年成立了国家反垄断局。国家反垄断局从原来的国家市场监督管理总局中独立出来,新设竞争政策协调司、反垄断执法一司和反垄断执法二司,将数字经济领域反垄断审查纳入三司的职能范围。从治理思路看,单一通过合理原则对数字金融平台垄断行为予以豁免或排斥的做法不符合当前对数字金融平台反垄断的基本治理思路,权力实践的冲突正在我国反垄断治理思路不断调整的情况下逐渐调和。

最后,从权力载体的冲突层面看,传统银行业反垄断呈现出的竞争监管与反垄断监管错位的情况在数字金融平台监管中依然存在。随着监管机构的规模与范围的不断扩大,金融监管体系的覆盖面增加,金融监管的强监管要求与竞争监管的谦抑性理念形成对比。谦抑性理念要求下,竞争监管机构的监管能力长期受到抑制,如果对高度专业化、全国化甚至国际化的金融市场进行反垄断监管,如何穿越金融监管体系实现对金融行业的实质反垄断监管,是需要解决的紧迫问题。2021 年以来,我国反垄断监管跳脱谦抑性监管转而实施强监管,为反垄断监管铺平了执法理念的道路,但监管效果不仅取决于反垄断执法的力度,还取决于监管工具是否充足。

形成上述与传统银行类金融机构不同效果的原因在于,数字金融平台的形成呈现与传统金融机构完全不同的生成路径,突破了原有的反垄断监管体系,呈现出竞争与垄断并存的特点,各国反垄断执法体系都对数字金融平台予以特别立法关注。我国传统金融机构在金融监管机构强监管的背景下,不仅遵循国内金融监管规则,还需随时关注巴塞尔协议等监管规则,不断调适自身行为,针对银行业的反垄断法的适用除外规定及其行为的依法授权使得我国传统金融机构很少出现不合理的垄断行为,对其实施垄断行为的质疑也是在与数字金融平台形成竞争关系之后。我国监管机构已经充分认识到数字金融平台无序竞争引发的风险交叉传递的问题,积极尝试在金融领域改进反垄断监管工具,创新反垄断治理思路,权力冲突在治理思路的改进下有望不断趋向调和。

2. 反垄断监管与金融监管关系的类型化分析

通过梳理数字金融平台垄断的案例以及反垄断执法与金融监管的关系发现,我国反垄断执法主体与金融监管主体在数字金融平台反垄断执法中的关系大体呈三种类型。

第一种类型是反垄断让位金融监管。这种类型又具体体现为三种情形。第一种情形体现在处理涉及产业政策与竞争政策关系的垄断争议上。在银联与第三方支付平台互指“垄断”的对抗中,银联是否滥用其在清算市场的寡头地位对其他银行实施强制,第三方支付平台是否存在利用优势地位和市场力量强迫市场主体"二选一"形成借助数据优势影响公平竞争的新型形态均需讨论。在中国银联与第三方支付平台旷日持久的反"垄断"对抗中,平台借助市场优势地位强迫市场主体"二选一"的行为已经显现端倪,由于反垄断执法机构并未介入,因此无法判定双方是否构成垄断。该案通过由中国人民银行协调、沟通以及制定方案,2017 年 8 月 4 日,中国人民银行下发文件,要求所有非银支付机构网络支付业务"断直连,入网联",并于 2018 年 6 月 30 日实现所有网络支付业务全部通过网联平台处理,结束了中国银联与第三方支付平台的争议。

2015 年 11 月,福建百度博瑞网络科技有限公司(以下简称百度博瑞)与中信银行股份有限公司(以下简称中信银行)共同设立合营企业中信百信银行,百度博瑞与中信银行分别持股 30%、70%,共同控制合营企业,双方于 2017 年 9 月 5 日成立了中信百信银行。这起案件直至 2021 年才由反垄断执法机构予以处罚。

反垄断让位于金融监管的第二种情形为维护国家安全的需求。由于金融行业往往涉及国家的经济安全和经济秩序,即使一个国家的金融业相当成熟,有时也可能采用适用除外或豁免制度,尤其是在金融行业动荡之际。英国在 2008 年金融危机时调整了竞争政策,通过修订《企业法》将公共利益案件由原本只限于涉及国家安全的案件扩展到影响金融系统稳定的案件。

反垄断让位于金融监管的第三种情形为反垄断遵从金融监管的先决判断。我国首批获得支付牌照的企业中有 27 家都采用 VIE 结构包装上市获得融资,而在这 10 年的时间里,我国反垄断执法机构并未对其实施反垄断监管,问题的关键在于,若反垄断执法机构的合并审查部门介入 VIE 企业对其控制权变更进行审查,则可能意味着其认可企业利用 VIE 投资结构设立企业的合法性,在金融监管部门未规定 VIE 构架的形态及其合法性的前提下,反垄断执法机构无法贸然作出判断,形成反垄断执法机构“销声匿迹”的假象,实则体现了反垄断监管遵从金融监管的先决判断。

第二种类型是反垄断与金融监管的协同配合。

2009 年 7 月,商务部会同中国人民银行、中国银监会、中国证监会和中国保监会根据《反垄断法》和《国务院关于经营者集中申报标准的规定》制定了《金融业经营者集中申报营业额计算办法》。然而,从这个办法的内容上看,一是内容简单,标准不明;二是营业额标准与原标准不符,只通过计算“利润”的方式降低了金融机构经营者集中的资金额度认定标准,且未说明理由;[①]三是并未提及反垄断机构和金融监管机构在经营者集中的监管领域如何开展职权分工或者协同配合。上述办法的制定是多部门对金融行业经营者集中行为协同治理的初步实践,具有重要意义,但是从反垄断执法部门与金融监管部门协同效果上看还停留在形式层面,尚需在实质层面开展协同。

第三种类型是反垄断机构主动介入金融领域反垄断执法。体现为 2021 年以后反垄断执法机构聚焦大型数字平台反垄断行为积极开展反垄断执法工作,主要集中于对经营者集中案件的反

① 参见吴汉洪、姜艳庆:《对中国银行业反垄断问题的思考》,载《经济学动态》2012 年第 11 期。

垄断审查与处罚。[①]

在上述关于数字金融平台的反垄断执法措施中，反垄断执法让位金融监管的思维长期占据主导地位，总体呈现出单一监管与分立式治理的思路。

二、我国数字金融平台反垄断治理的困局

“法律的生命在于实施。”法的价值能否实现很大程度上体现为法实施的效果，反观我国数字金融平台反垄断法的实施效果，从监管主体视角切入分析存在以下困局。

（一）分立式治理监管无法含摄数字金融平台垄断行为的特性

金融监管与反垄断两种治理机制作为治理金融市场失灵的工具，天然具有优势互补的特征，发挥出其优势互补的共性共同维护金融市场的公平竞争秩序，维护金融市场的稳定性是当前反垄断与金融监管的共同目标。

反垄断与金融监管在数字金融平台反垄断治理中相互让位与形式化协同的方式实质上呈现出单一治理、分立式治理的模式。反垄断与金融监管虽然都是市场失灵的治理工具，但又有各自的作用领域，由于治理对象因垄断行为同时产生了垄断风险与金融风险，又归结为反垄断与维护金融稳定两个紧密关联的问题，因此实践中单一采用某一种监管方式的分立式治理模式，其治理效果必然有限。因此，需要反垄断执法部门和金融监管部门

① 参见2021年市场监管总局发布的《中国反垄断执法年度报告(2021)》。

开展协同监管,避免因各自为政、缺少监管合作而影响反垄断的实施。

1. 单一金融监管无法充分解决反垄断问题

从金融监管的防范重点看,金融监管重在防范金融风险。对于数字金融平台的监管空白问题,金融监管机构正在努力从过去只关注金融机构的市场准入、稳健经营与市场退出,向机构监管+功能监管+行为监管推进,对相同功能、相同法律关系的金融产品按照同一规则由同一监管部门实施穿透式监管,但从我国分业监管的金融监管机构的基本设置情况看,数字金融平台行业中依然存在监管机构不匹配的现状,我国尚未建立专门的金融监管机构对金融科技公司实施宏观审慎监管,更进一步地,即使未来建立了专门的金融科技监管机构负责制定和执行针对金融科技公司的具体监管政策,对于金融监管机构而言,其控制金融风险的主要目标决定了即使其机构监管、功能监管多措施并举,也无法彻底解决平台垄断的问题。

从金融监管人员的智识构成上看,单纯依靠金融监管无法充分解决反垄断问题。金融监管者的知识结构偏重金融与管理,缺乏专门的反垄断的专业知识。例如,定性分析的需求替代方法和定量分析的假定垄断者测试方法是界定相关市场的两种分析方法,"掠夺定价"是否涉及价格歧视,价格歧视是合理还是违法,独占是否涉嫌垄断,是否适用创新除外规则,对"扼杀式并购"如何识别又如何判断,这些问题都需要反垄断执法者结合专业知识予以衡量。对于新出现的垄断行为还需要进行识别,甚至需要创新反垄断执法工具予以衡量。国家市场监管总局对阿里巴巴集团在中国境内网络零售平台服务市场实施“二选一”行为依法作出的行政处罚书(国市监处〔2021〕28号)中,正文内容共计1.26万余字,对本案当事人所处相关市场与市场支配地位的分析达0.6万字,扎实的专业背景与智识结构是处理个案的重要前提。

从金融监管人员的执法经验上看,反垄断识别不仅需要具备经济学、法学等专业知识能力,还需要具备识别垄断行为的专业敏感度以及专业的现场访查能力,这些专业能力需要在相关领域长期沉浸方能获取。

从金融监管者的监管工具运用的角度看,金融监管机构擅长运用金融监管工具进行监管,金融监管者不会注意也无法解决反垄断问题。从前述第三方支付机构与银联之间的垄断争议中可以看出,金融监管机构善于运用金融监管工具解决问题,银行业监督管理之广义目标在于保持银行体系稳定,狭义目标在于保护存款人的利益,维护公众对银行业的信心,满足两者则实现金融监管目标,而二者均不以解决竞争法问题为首任。因此,金融监管机构不会刻意关注竞争法问题。在前述反垄断执法机构让位于金融监管的案件中,金融监管机构就充分采用金融监管工具解决相关问题。

此外,金融监管机构也无法解决竞争中的反垄断问题。比如,第三方支付行业在进行金融风险规制时,并未强调竞争规制,将竞争规则排除于法律规则之外。依靠单一的金融监管方式不仅无法解决金融市场中的反垄断问题,实践中还可能产生垄断的效果,引发竞争问题。一方面,金融监管机构与金融行业的密切关系令金融俘获容易发生。2011 年 11 月至 2015 年 8 月的云南昆明泛亚平台庞氏骗局案中,当地金融监管局就被广泛质疑是否被俘获。泛亚集团是由政府批准设立的民营企业,泛亚平台有色金属交易所项目是 2010 年云南省昆明市重点招商引进项目。2010 年 12 月,昆明市政府专门成立监督委员会对交易所进行监管,并印发《昆明泛亚有色金属交易所交易市场监督管理暂行办法》,由分管金融的副市长任监督委员会组长,2012 年 4 月,云南省政府金融办还发函明确支持“泛亚”申报西部大开发税收优惠政策。政府的行政管理行为增强了公众投资者信息。2011 年 11 月至 2015 年 8 月,昆明泛亚公司违反国家金融管理法律规定,以稀有金属买卖融资融货为名推行“委托交割受托申报”“受托委托”业务,将平台上的“委托受托”业务包装成“日金宝”“日金计划”等产品,将有色金属交易所打造为类金融交易所机构,向社会公开宣传承诺 10% 至 13% 固定年化收益率且收益与货物涨跌无关,并串通部分金属生产、销售实体企业在泛亚交易平台上制造虚假资金需求、营造交易火爆假象,诱使社会公众投资,变相吸收巨额公众存款 1678 亿余元,涉及集资参与人 13 万余人,造成 338 亿余元无法偿还。

美国联邦贸易委员会官员频繁交易监管对象的股票以及执法期间购进脸书股票的行为也饱受诟病。根据《华尔街日报》对 2016 年至 2021 年 50 家美国联邦机构的财务披露情况的调查显示,美国联邦贸易委员会高级官员披露的股票、债券和基金交易的平均数量,超过了其他任何主要机构的官员。美国反垄断执法机构联邦贸易委员会的官员 2016 年至 2021 年的平均交易数量为 97 次,联邦贸易委员会高级官员披露的股票、债券和基金交易的平均数量超过了其他任何主要机构的官员,联邦贸易委员会 90 名高级官员中 1/3 持有或交易了正在接受美国联邦贸易委员会合并审查或调查的公司股票。联邦贸易委员会对大约 60 家大公司提起了诉讼,其官员持有其中 22 家公司的股票(见图 2－1)。

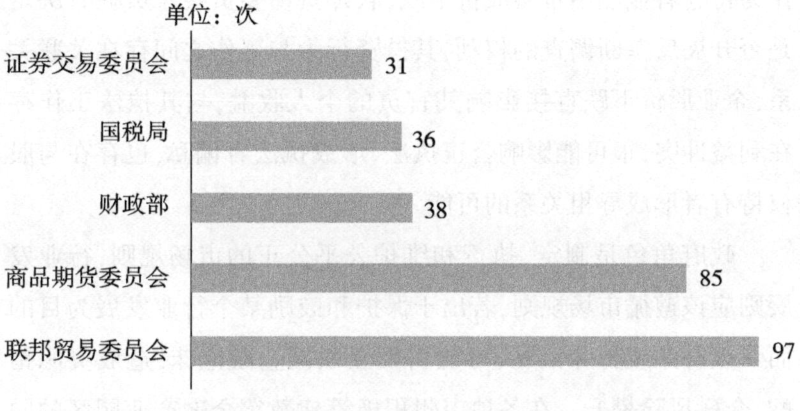

图 2－1　美国联邦机构每位官员的平均交易数量(2016～2021 年)

资料来源:美国媒体对 2016 年至 2021 年 50 家美国联邦机构财务披露情况的调查,参见箫雨:《监守自盗 美反垄断机构竟是科技巨头的最活跃投资者》,载凤凰网 2022 年 10 月 14 日,https://baijiahao. baidu. com/s? id = 1746618939021063003&wfr = spider&for = pc。

从投资领域看,科技平台领域是官员投入资金最多的领域,近 1/4 的美国联邦贸易委员会高级官员拥有或交易了亚马逊、脸书母公司梅塔、谷歌、微软和甲骨文等科技公司的个股。联邦贸易委员会的一位主席拥有微软、甲骨文和AT&T的股票,该机构当时正在进行影响科技和电信行业的敏感审查。联邦贸易委员会国际部门的负责人在就一项涉及脸书的调查与海外执法官员进行协调期间,通过一名财务顾问买卖了脸书的股票。在联邦贸易委员会审查涉及这些公司的并购交易时,一位负责消费者保护的官员持有十余家公司的股票。美国大型科技平台公司若频频面临反垄断调查,其股价将受到影响,美国联邦贸易委员会官员作为持仓者显然不希望股价下跌,联邦贸易委员会官员拥有决定是否开展反垄断调查的权利,其投资行为与工作之间存在关联关系,企业股价下跌直接影响其官员的个人收益,与其执法工作存在利益冲突,很可能影响公正执法,形成执法者偏私,也存在与股权持有者形成寻租关系的可能。

政府角色是制定、执行和维护公平公正的市场规则,行业发展则应该遵循市场规则,若出于保护和鼓励某个行业发展为目的而予以补贴或特殊偏私,可能引发互联网金融泡沫,造成资源错配,金融风险攀升。在各地市州积极筹建数字金融产业园区的同时,既要防止政府过度的行政保护引发地方垄断,也要防止寻租行为的滋生。

另一方面,金融机构实施的市场准入行为可能成为竞争问题的制造者。在对数字金融平台日益趋严的监管趋势下,金融机构采用事前监管的方式对新型平台实施市场准入监管,其准入措施本身不仅会抑制第三方支付行业的发展,还可能导致竞争问题的产生。比如,金融监管部门对数字金融平台的监管主要体现在通过发放支付许可证的牌照的管理方式实施市场准入监管，但支付市场准入制度及其他管制政策和措施其实也是市场进入壁垒的体现，是监管机构在运用监管工具时形成的行业壁垒，拉高了经营者集中的风险，加剧了市场集中程度。

2. 反垄断介入金融监管治理乏力

在我国原有的反垄断执法机构设置中，执法主体为国家市场监管总局，2021 年机构改革后我国国家反垄断局形成三司模式，从人员结构的调整看，三司模式对国家反垄断局的内部协调意义重大，在外部协调方面也将形成竞争政策协调司主导的格局，问题是，从反垄断与金融监管的关系看，反垄断与金融监管之间的协调机制尚未建立，两者涉及不同类型行政权力类型，各自权力分工亦不相同，反垄断介入金融监管存在很大难度。

反垄断主管部门无论是在技术工具上还是专业队伍上，都具有一定的滞后性。尤其是，执法人员面对平台生态系统中出现的，在数据和算法双轮驱动下引发的竞争效果的分析与辨别上更是捉襟见肘。在基于平台技术性特征的竞争行为与反垄断监管部门无法科学有序地开展监管的矛盾下，平台反垄断监管很难及时有效地开展。

金融行业因其市场进入的高门槛、风险的影响、社会公共利益的影响以及作为宏观货币政策传导机制的重要环节而受到金融机构的单一监管。长期以来我国《反垄断法》没有明确规定反垄断机构和金融业监管机构的相互关系，也没有排除反垄断机构在金融市场的执法权，为反垄断执法介入金融监管造成极大压力。

金融行业垄断行为可能利用复杂的金融工具规避反垄断审

查,数字金融平台运用算法、VIE 构架等方式尝试实施的垄断行为体现出对金融工具的组合运用,具有很强的专业性与复杂性,反垄断执法机构的工作人员不仅编制有限,而且不具备对复杂金融工具的识别能力,无法分辨经营者是否运用金融模型实施垄断行为。随着数字金融领域反垄断的逐渐常态化,类似《金融业经营者集中申报营业额计算办法》等文件仅凭反垄断执法机构难以完成,需要金融监管机构予以专业协同。

数字金融平台的新型垄断风险体现为基于算法和数据的实施,数据风险与金融风险是各国关注的重点,对算法与数据予以监管是当前反垄断执法部门面临的重要任务,受限于机构设置与人员规模,算法监管仅凭反垄断执法机构的力量也难以完成。在数字金融平台生态深度混业经营的情况下,反垄断执法机构还需要穿透平台实施反垄断监管。

(二)执法权冲突引发反垄断监管主体的边界不明晰

首先,按照我国反垄断执法机构设置之处的模式选择,行政机关对应相应产业垄断行为的执法,反垄断监管机制中没有专门应对传统金融行业与数字金融平台的执法机构,经济产业监管机关无力对金融行业出现的垄断行为进行监管,呈现出金融反垄断执法实然与应然的制度困境。从现行金融监管机构对其反垄断执法权的设置上看,实践中易出现矛盾冲突。

我国反垄断法设立之初对执法机构设置的立法建议主要有三种类型:第一种类型是设立专门的反垄断执法机构,赋予其独立性与权威性;第二种类型是对现有行政机关依职能确认,在其内部设立相对独立的专门机构负责反垄断执法;第三种类型是不设立专门的执法机关,由现有的行政机关各司其职,共同执法,同时设立反垄断委员会作为议事机构负责协调部门执法。

从我国 2008 年《反垄断法》[①]设置的双层多机构执法模式的选择来看,我国采纳了第三种立法意见,确立了反垄断委员会与反垄断执法机构的双层多机构执法模式,又称为双层三元模式,设置了反垄断执法机构的中央事权。双层多机构执法模式,是指在国务院下设反垄断委员会作为第一层,国家工商总局(现为国家市场监督管理总局)、商务部、国家发改委作为第二层。反垄断委员会仅具有领导、组织与协调功能,不具有执法功能,具体执法工作由设立于商务部之下的反垄断局、设立于国家发改委之下的价格监督检查司和设立于国家工商总局(现为国家市场监督管理总局)之下的反垄断与反不正当竞争执法局分别实施。这种执法机构的设置相当于并未设立专门和单独的执法机关,而是由现有的行政机关各司其职,按照反垄断法对照各自的职能分别执法。反垄断法设立时以经济产业与经济行为为反垄断监管对象,没有对应的传统金融行业与数字金融平台的执法机构,因此,金融行业从应然上属于反垄断执法范畴,但从实然上由于缺乏执法主体而难以形成制度实践。

从《国务院办公厅关于国务院反垄断委员会主要职责和组成人员的通知》[②]中反垄断委员会的成员名单组成上看,人民银行不

---

① 参见 2008 年《反垄断法》第 9 条。

② 参见 2008 年 7 月 28 日《国务院办公厅关于国务院反垄断委员会主要职责和组成人员的通知》国办发〔2008〕104 号文件第 2 条组成人员的规定。

属于反垄断委员会成员,因此形成了金融反垄断是否由反垄断执法主体监管的疑虑。

金融行业是否适用反垄断规制,由何主体开展反垄断执法一直如同雾里看花般模糊不清,在制度实践中体现为学术界与实务界围绕《反垄断法》第7条形成的争议,2009年7月《金融业经营者集中申报营业额计算办法》颁布后长期以来并未实施,反垄断执法机构也未按照经营者申报的规定主动介入金融机构调查。

2018年机构改革时我国组建了国家市场监督管理总局,内设反垄断局负责反垄断的统一执法,将“一委三部”调整为“一委一部”,《关于调整国务院反垄断委员会组成人员的通知》将国家市场监督管理总局、司法部、人民银行纳入反垄断委员会成员名单。[①] 2021年成立国家反垄断局,调整机构设置,设立竞争政策协调司,反垄断执法一司与反垄断执法二司,并将人民银行作为反垄断成员单位含摄国家对金融行业纳入反垄断监管的决策考量。从两次机构改革的情况看,反垄断监管机制中依然没有对应传统金融行业与数字金融平台的执法机构,中国人民银行与反垄断执法机构的协同具备了制度基础。

其次,金融监管机构具有金融监督职能,金融行业的反垄断行为由金融监管机构负责执法是金融监督职能的应有之义,鉴于数字金融平台垄断行为竞争性与金融性的双重属性,央行理应对其金融行业的垄断行为介入监管,但金融监管部门又并非反垄断法规定的执法主体,甚至长期以来不存在于反垄断委员会的成员

---

① 参见2018年7月19日国务院办公厅公布的《关于调整国务院反垄断委员会组成人员的通知》国办法〔2018〕51号文件。

单位中。

在上述问题的共同作用下,数字金融平台反垄断执法应当由何机构承担,反垄断执法机构与金融监管机构的关系如何并不明朗,金融机构的反垄断执法主体从法律制度层面看依然不甚明晰,但反垄断执法机构与金融监管机构的管辖冲突实然存在,呈现出金融反垄断实然与应然的制度困局。

(三)缺乏对现实问题的及时处置与回应导致反垄断效果不佳

数字金融平台发展过程中呈现的各类垄断形态需要监管部门及时因应,我国数字金融平台反垄断规制现状和反垄断效果欠佳,主要体现在缺乏对现实问题的及时处置与回应,不能及时回应现实关切。

从传统金融主体与新兴金融平台的关系看,监管机构的处理方式暴露出监管机构缺乏对现实问题的及时关切。银联与支付行业间的垄断争议长时间未得到妥善处理,央行的监管决定被媒体与社会认为是维护银联垄断行为的表现,体现出金融监管机构的执法措施未能收到良好的社会效应。整个事件处理过程中,金融反垄断此起彼伏的呼声体现出反垄断执法机构与金融监管机构的处理措施都未能达到执法者与社会公众的预期。在这一事件中,银联行为的法律效力值得探讨的问题至少有三点:一是银联是否具有滥用其在清算市场的寡头地位对其他银行实施强制;二是银联拒绝第三方支付企业接入其接口的行为是否构成垄断;三是银联是否有对第三方支付企业开具“罚单”的权力。另外,第三方支付平台是否存在利用其广泛的用户市场数据优势与地位优势强迫市场主体(各商业银行)“二选一”的行为也应当重视,第三方支付平台的行为并未受到反垄断执法机构与金融监管机构约谈或处罚,暴露出实践中的监管空白,形成风险敞口。

数据治理能力方面,反垄断执法机构处于资源劣势,存在监管意愿与监管能力不匹配的现实困境。大型数字金融平台拥有的数据量巨大,数据规模呈现跨地区与跨国界特征。阿里巴巴旗下云原生大数据计算服务 Max Compute 云平台的存储数据量自 2018 年已超过 EB 级别并以每年 250% 的用户量和计算量增长,腾讯大数据平台能够同时为其全球十几个国家和地区的企业提供大数据计算能力。平台拥有先进的数据技术处理能力,阿里云平台 2018 年单日数据处理能力超过 600PB,腾讯大数据平台 2019 年披露其单日数据计算量超 30 万亿。与大型平台拥有强大的技术优势与数据管理能力相比,反垄断执法机构主要依赖于人力监管,金融监管部门的技术力量也无法与平台抗衡,监管机关的执法能力在需要运用技术实现数据巡查、算法抓取的行为方面难以为继。

从数字金融平台领域垄断行为的主要形态看,垄断行为集中在垄断协议行为、滥用市场优势地位的行为、违法实施经营者集中的行为以及单独列出的“扼杀式并购”行为上,行政性垄断行为在我国未曾发生,在国外的一例仅是存在垄断风险但未有定论。从垄断行为的案发率与治理状况看,数字金融平台领域发生的这些案件集中体现出数字金融平台领域垄断行为的新特点,体现出监管机构监管行动迟缓、重点领域缺乏监管的特点,垄断行为主要体现为利用算法技术与数据,由平台为主导实施的排除他人竞争机会的行为特点。因此,数字金融平台反垄断监管的重点与核心应是基于算法、技术、数据垄断对平台实施监管，然而从实践看数字金融平台的反垄断效果明显不佳。

目前我国反垄断执法队伍建设在一定程度上还无法支撑全国性各领域各类型的反垄断执法。我国反垄断执法权是中央事权，由中央层面的反垄断执法机构统一实施我国反垄断法。长期以来，我国反垄断执法队伍都存在人员编制紧缺、人员专业性不强的问题，反垄断执法机构设置于各经济产业部门之下，金融领域专业人才匮乏。此外，还存在反垄断机构职责重大，但行政级别不足，在反垄断实践中需要听从上级主管部门安排，独立性与权威性难以发挥的问题。总体来看，我国数字金融平台领域的垄断案件虽然总数有限，但是若从执法概率来看，反垄断效果不佳的特征尤为突出。

（四）治理工具的缺失与不足导致反垄断治理工具滞后

治理工具滞后集中反映在治理工具缺失与治理工具不足两个层面。

一是我国现行反垄断治理工具箱中的治理工具缺失。缺乏针对数字金融平台垄断的重要治理工具——声誉机制。声誉机制能够提升威慑效应，是新型治理工具箱的重要成员，是数字金融平台垄断的重要治理工具。声誉是有关人、事、物的公共形象，是由集体认知、社会形象、群体分层、身份识别等要素构成的无形资产。[①] 声誉机制具有提供声誉相关的“公共产品”、降低机会主

---

① 参见苏力：《“海瑞定理”的经济学解读》，载《中国社会科学》2006 年第 6 期；张维迎：《信息、信任与法律》，生活·读书·新知三联书店 2006 年版，第 44 页。

义行为发生概率、促使企业重视长远利益三个维度的重要功能。[①]金融市场是一个公共商品市场,数字金融平台更是因其公共性而处于公平竞争的中心环节,声誉缺失会造成金融平台在金融消费者心目中的信心丧失,引发多米诺骨牌式的消费者信心坍塌、平台声誉坍塌,更有甚者引发数字金融平台坍塌。

传统金融领域中,在早期我国银行为国有制银行,其声誉由政府背书,受政府公信力维系,银行"大而不能倒"的信念始终支撑着中国所有的金融消费者。在1998年的海南发展银行破产案中,破产资产全部由工商银行接管,海南发展银行的储户权益得到保障,更是加强了储户对金融行业的声誉由国家提供的信念。随着我国改革开放的步伐加快,金融企业改革与金融市场自由化让金融行业的声誉符号重回金融消费者选择的视野,声誉符号的优劣是金融消费者的重要选择因素。2020年11月,包商银行宣布进入破产程序,出于金融稳定的考虑,我国依然采取了救市措施,即便一些银行储户的存款高达200万元最终也获得了90%以上的赔付。

但数字金融平台领域的情况并非如此。监管机构经调查发现,2015年"e租宝"平台90%的业务造假,旁氏骗局揭开之时挤兑随之发生,随后e租宝宣布破产。此后个人借贷网络平台陆续宣布破产直至消失殆尽。个人借贷网络平台的集体坍塌充分证实金融平台的声誉作为企业符号的重要表征将会直接影响金融消费者的信心。

---

① 参见吴元元:《食品安全治理中的声誉异化及其法律规制》,载《法律科学(西北政法大学学报)》2016年第2期。

基于上述分析，笔者认为：第一，声誉应当是数字金融平台的重要符号，也是影响数字金融平台的重要因素，声誉向公众传递资金安全、企业可信赖的信息激励。第二，声誉机制作为一种比法律成本更低的维持交易秩序的机制，能够补强法律规制的不足。声誉缺失的负外部性对数字金融平台的影响在某种程度上甚至大于法律规制。第三，劣质声誉会引发金融消费者的群体性溃散，“银行挤兑”作用于数字金融平台将会进一步扩大劣质声誉的负面符号信息，造成显著的蝴蝶效应；相反，优质声誉则会吸引金融消费者持续不断地入驻，产生强烈的行业正外部性，形成金融消费者的羊群效应。

综上所述，基于我国数字金融平台声誉激励机制治理工具缺失的现状，笔者认为，应当重视发挥声誉机制的激励与规制作用，将声誉与平台绑定，引导数字金融平台珍惜爱护平台声誉，将其作为数字金融平台反垄断的重要治理工具。在反垄断规制工具不足的情况下，采用以声誉机制为代表的激励型规制工具，发挥声誉机制对执法负荷的分担作用，构建数字金融平台声誉激励机制，探索公权力主体之外的社会力量在反垄断治理中应有的角色、职能、地位，形成对数字金融平台的有效震慑，是数字金融平台反垄断治理的理性选择。

二是治理工具不匹配。我国《反垄断法》是将竞争行为置于传统市场的背景下进行的讨论，《国务院反垄断委员会关于平台经济领域的反垄断指南》结合数字市场的特征对相关市场界定和市场支配地位认定进行优化，从现有立法文本看，存在表述过于抽象的问题。例如，《国务院反垄断委员会关于平台经济领域的反垄断指南》对相关市场和市场支配地位的认定具有较高的灵活性,但实践中由于过于抽象,存在较大的操作难度。指南对相关市场个案界定的规定、对协同行为直接证据的获取与间接证据的逻辑一致判断之规定都体现出对执法人员应当具备特定场景下较高的专业知识能力和较丰富的执法经验的特定要求。又如,借助算法实施的垄断行为具有轴幅协议特点,我国《反垄断法》文本中对其规定较为模糊。再如,我国《反垄断法》将滥用市场支配地位的行为限定为"垄断高价""限定交易"等类型,从数字平台的反垄断分析思路来看,很难将过去静态导向的反垄断分析研究框架和政策规则标准直接应用于创新频率高、市场急剧变动的数字经济,其应用局限性在短期内便会充分凸显出来。

从治理对象垄断行为的特点上看,对应平台、数据、算法垄断的治理工具还有待进一步建构。数字金融平台垄断行为的生成机理已经证成,数字金融平台的垄断行为成因集中体现为基于平台、数据、算法三种因素而产生的各类反竞争行为。

一些属于传统反垄断法所禁止的垄断行为,由于长期以来对自然垄断的认识与产业政策优先的判断而没有运用反垄断法工具予以规制,或是由于平台垄断行为在数据、算法、平台特点的包裹下具有复杂性与隐蔽性而难以识别,对这些行为的治理只需要运用原有反垄断工具,在反垄断执法方式上予以创新。另外一些行为运用现行反垄断治理工具难以界定或发掘。例如,算法风险是一种技术风险,"算法黑箱"是算法风险产生的根源。① 算法是

① 参见[美]弗兰克·帕斯奎尔:《黑箱社会:掌握信息和金钱的数据法则》,赵亚男译,中信出版社2009年版,第189页。

平台竞争的必备工具,然而,我国缺乏针对算法的治理工具。算法技术有其独特优势,能够推动平台进化,实现技术创新,是我国经济发展的重要技术力量,但另外,平台内生的垄断风险伴随算法歧视与算法垄断问题也成为当下反垄断执法面临的问题。

算法垄断对反垄断执法的巨大挑战首先体现在新型垄断行为与现有法律文本规范的紧张冲突的对立关系上,我国的反垄断法尚未对基于算法的垄断行为进行描述界定。其次,基于算法的新型垄断行为与金融产品天然可亲,更易触发数字金融平台的垄断基因。[①] 算法作为工具的一种与金融工具天然可亲,算法与金融深度融合,逐渐形成算法偏见,如体现为数字金融平台行为决策中的征信筛选偏见。[②] 最后,新型垄断行为还体现在行为的隐蔽性上,借助算法实施的垄断协议行为十分隐蔽,依靠现有反垄断执法机构人员的人力作用几乎难以识别。在我国反垄断法的框架中,判定经营者之间有无意思联络是认定垄断协议构成与否的关键所在,利用算法实施的垄断协议行为将经营者之间的意思联络隐匿于算法之后,仅凭监管者的人力调查更加难以发现此种共谋意思联络行为。

对于借助平台实施的行为带来的反竞争危害,需要更新传统治理工具,创新我国反垄断治理框架,立法滞后、专业鸿沟等问题都是当前监管机构在反垄断框架频繁失效的情况下亟须面对的

① 参见虞青松:《算法行政:社会信用体系治理范式及其法治化》,载《法学论坛》2020 年第 2 期。

② 参见解正山:《算法决策规制——以算法“解释权”为中心》,载《现代法学》2020 年第 1 期。

重要问题。

三、小结

本章从我国数字金融平台治理机制的现状出发，分别考察了数字金融平台治理主体——金融监管机构与反垄断机构对数字金融平台的执法依据，通过考察，结合我国反垄断执法现状，笔者归纳出我国数字金融平台反垄断治理中存在的反垄断治理主体不清晰、监管主体边界划分不清、反垄断效果不佳、反垄断执法不及时不充分、治理工具滞后等重重问题，这些问题型构了我国数字金融平台反垄断治理的困局，触发我们对数字金融反垄断治理现实深深的担忧。

通过进一步深入困局产生的制度土壤分析困局背后的成因，笔者发现我国数字金融平台治理模式的根本问题在于反垄断治理工具的不足。反垄断治理工具的不足具体体现在理论工具不足与反垄断规制工具不足两个方面。这些都可以归结于对数字金融平台反垄断的一元治理模式的缺失，因为对于数字金融平台反竞争行为的认定既需要反垄断的专业判断，也需要金融业的专业判断，依靠某一类权力单一治理无法完全解决数字金融平台面临的反垄断难题。总体来说，当前的反垄断执法正处于历史转型期，明确反垄断治理的路径与回应性的制度创建应是当前反垄断治理的重中之重。

第三章 数字金融平台反垄断协同治理的逻辑基础

前文的分析证明,我国当前数字金融平台反垄断一元治理模式存在严重缺失,客观上需要建立以反垄断监管与金融监管协同为主、平台参与的协同治理模式。因之,本章研究数字金融平台反垄断协同治理的基本逻辑,从理论逻辑与现实逻辑两个维度展开。

一、数字金融平台反垄断协同治理的理论逻辑

(一)协同治理的理论内涵

"新公共管理学派"提出的新公共管理理论将政府作为公共事务管理的权力独享者,其内核是单一权威的政府治理,难以满足21世纪数字时代日益复杂的、不断增长的公共事务治理需求。为了应对数字时代多元化的社会治理任务,"新治理理

论”提出的协同治理成为走出治理需求与治理能力失衡的阿莉阿德尼之线。协同治理是新治理理论的核心，是由利益相关方和公民政治参与的新型治理模式，新型治理与治理手段的创造者、使用者及其参与政府工作的过程有关。协同治理的理论内涵是由多元利益相关者参与公共事务治理活动，以问题解决为导向，在公共行政活动中形成不同利益相关者的合作伙伴关系，解决单一组织难以解决的问题，实现治理目标。

协同治理理论是公私利益相关方共同进行与公共机构的集体讨论，以参与共识导向的决策，强调多元主体参与，认可公共机构作为典型的协同治理的发起者，认可非国家利益攸关方作为参与方。协同方式包括面对面对话，建立互信、承诺与共识，促进协作对治理影响的良性循环。国内外学者在研究协同治理的同时也研究机构间的协调关系，并将其描述为协作治理，本书也持此观点。协同治理不仅是为了咨询，还意味着机构和利益攸关方之间的相关沟通和相互影响，制度的制定需要为各利益攸关方提供对话的机会。

协同治理意味着公共权力由单一公共行政机构向多元利益相关者渗透，吸纳非政府的利益相关者参加到正式的、审慎的、以共识为导向的决策程序中来。根据多元主体在协同治理中的参与维度，其参与形式具体体现为“契约”“咨询”“协同”“合作”“共识”等话语表达。数字社会的平台治理运用“新治理理论”的协同治理模式旨在取代单一式政策制定、实施对立（adversarial）和管理模式，是监管（regulation）高成本和政治化的替代选项。国外对协同治理的适用融入公共事务治理的常态化解决方案。

协同治理的理论认为，对同一对象施加过多管制与干预会造成系统混乱,协同行为有助于自组织有序发展与稳定地实现。当代的竞争和监管政策必须适应防止和控制垄断这两个经常对立的目标,同时促进创新,对于市场缺陷的不同解决方案没有先验方法可供选择,监管行为有效与无效之间的界限可能会比较“模糊”。为了应对分配效率低下或其他不能令人满意的负面社会后果,经济性规制工具与税收是常见的两种调整手段,在经济性规制工具方面,竞争法和监管则是作为解决可能出现的市场缺陷的工具。

反垄断协同治理的内在要求是通过多元主体协同解决垄断问题,多元主体的协同治理具体体现于反垄断执法机构与金融监管机构、公众的互动关系上,共同参与发挥协同治理功能。反垄断机构与金融监管机构需要在管辖权限划分和执法权限配置方面协调互动。① 金融监管与反垄断监管的协同能够避免相互冲突的管制共同干预同一对象,导致无序运动的发生,协同与合作能够促成系统走向有序,从而实现金融体系的稳定。

协同治理模式的设立目标是更好地规范、引导并促进互联网金融的良性发展,因此协同的重点在于治理方式的科学性,在治理上应当审慎把握治理起点,明确治理边界,遵循治理适当性原则。机制协同是实现协同治理的保障。爱莫森等(2012,2015)② 对协同治理机制的研究形成了一定理论框架,他系统梳理和总结了已有的协同治理研究成果,设计了协同治理的统一模型,对模

---

① 参见孟雁北:《我国反垄断执法机构与政府产业规制部门的关系》,载《中国人民大学学报》2015 年第 2 期。

② See Emerson, Nabatchi, *An Integrative Framework for Collaborative Governance*, Journal of Public Administration Research & Theory, (2012). Emerson, Kirk & Tina Nabatchi, *Collaborative Governance Regimes*, Georgetown University Press, (2015).

型中的要素进行了阐述，协同治理机制是协同治理框架的重要组成部分。根据爱莫森的协同治理统一模型，协同治理机制主要包括建立法律和规则体系协同机制、多元主体信息公开与信息共享机制、多元主体协调与利益平衡机制、技术应用机制等，以确保多元治理主体的实质参与、共同行动和高效协同。

（二）协同治理的中国语境

新治理理论与协同治理模式本身属于西方舶来品，我国学者对协同治理的关注发端于风险社会危机治理，在长期的研究中根据我国政治话语体系与社会治理体系对协同治理进行了一定程度的修正，提炼出数字时代平台协同治理模式，代表性如自我规制与政府规制结合的合作治理模式、合作监管与自律监管结合的混合治理模式、自我规制与政府后设规制相补充的公私合作式治理模式、行业自治与政府保障结合的协同治理模式、风险社会下金融司法与金融监管的协同治理模式，以及合作监管的多元共治治理模式。①

我国数字金融平台反垄断的协同治理应当符合中国语境，协同治理并非弱化政府在金融体系治理中的地位，正好相反，在我国的金融市场领域，若出现金融市场失灵时对垄断行为治理的需

① 参见唐清利：《共享经济的混合规制路径：合作监管 + 自律监管》，载《领导科学》2017 年第 13 期；高秦伟：《社会自我规制与行政法的任务》，载《中国法学》2015 年第 5 期；宋亚辉：《风险立法的公私法融合与体系化构造》，载《法商研究》2021 年第 3 期；鲁篱：《论金融司法与金融监管的协同治理机制》，载《中国法学》2021 年第 2 期；孙晋：《互联网金融平台传统监管的局限与法治化改革》，载《华东政法大学学报》2023 年第 1 期。

求,政府应当承担矫正市场失灵的主要与重要责任。在金融极不稳定时期,需要政府直接干预甚至参与市场运作,而当金融体系趋于稳定,具有自我运转的能力时,政府可退居市场之后,发挥市场机制自我运转的作用,将治理权交由协同治理的市场主体,发挥其反垄断事前监管领域与反垄断预防领域中的治理作用,降低政府的治理成本,维护政府与市场关系的平衡。

从前述多元协同治理的理论阐释看,数字金融平台反垄断需要政府、市场主体、地方组织的多元主体协同参与治理。笔者认为,多元主体参与协同治理具有理论必要性与合理性,主要体现为 4 个方面的因素:一是政府介入数字金融市场反垄断的必要性,二是数字金融平台的公共属性,三是平台垄断行为集中呈现出的算法、数据、技术特性,四是治理工具多样性,这 4 个维度的共同作用构成了对数字金融平台反垄断治理多元协同治理的选择动因。

首先,政府介入数字政府金融市场反垄断的必要性。

金融体系具有外部性效应,数字金融平台反垄断不能脱离政府治理,政府介入数字金融市场反垄断具有必要性。从宏观层面上看,政府在金融体系的运行过程中具有特殊的重要作用。市场失灵理论指出,一个理想化的价格市场机构体系未能维持理想的行为或禁止不理想的行为被称为市场失灵,自由的市场模式并非要求政府放弃市场干预,而是隐于市场秩序之后,如果市场失灵持续存在或者存在市场缺失,则需要政府采取纠正行动,对是否存在有效市场进行评估后通过治理工具如竞争法或监管工具予以调整。市场力量导致的垄断出现也可能导致市场失灵,对这种功能失调的市场概念更为中性的表述是“市场缺陷”(market defects)。[①] 金融体系的效率性和稳定性作为具有强大负外部性的公共商品,[②]良好的金融基础设施和相应的制度性框架是其基础,金融市场的垄断行为是破坏金融体系效率性与稳定性的因素之一,会通过溢出效应影响实体经济,同样具有巨大的外部性,对这种公共产品的治理必须由代表社会利益最大化的政府部门来提供。

由于金融体系运行的复杂性与金融产品对资本市场影响的严重性,垄断行为作用于金融市场的结果将会产生持续而长期的影响,并且很难通过社会自律、市场激励等协同治理工具矫正与修复,因此,政府在金融市场反垄断治理中始终处于参与者地位,负责反垄断监管制度的制定与机制的实施,具有介入数字金融市场反垄断的必要性。

其次,数字金融平台的公共属性与混业经营现状需要平台参与协同治理。

数字金融平台的公共属性与平台地位的中心化引发的平台生态的闭环要求平台参与风险治理。第一,数字金融平台作为金融基础设施的一部分具有公共属性,平台在公权力与私权利并存的情况下拥有一定的话语权,数字金融企业基于平台这一虚拟空间对平台内经营者享有一定的治理权。第二,数字金融平台的混

---

① Breyer, Stephen G., *Antitrust, Deregulation and the Newly Liberated Marketplace*, 75 California Law Review 1005(1987).

② 参见马勇、陈雨露:《金融发展中的政府与市场关系:“国家禀赋”与有效边界》,载《财贸经济》2014 年第 3 期。

业经营现状形成了平台业务链的生态闭环,传统金融监管机构的按业务设置的特点无法适应现有混业经营的平台金融模式,即使采用功能监管与穿透性监管也无法渗透数字金融平台的各个节点,传统金融机构甚至无法覆盖数字金融平台各个业务类型的监管,监管不足与监管难覆盖导致监管针对性与有效性下降。鉴于此,需科学设置治理机制,为平台参与社会治理设计科学的治理制度。

再次,协同治理是现代化治理手段的基本要求。数字时代,数字金融平台垄断行为具有的算法、数据、技术的特性要求通过多元协同治理配置相适应的治理手段。面对数字金融业态主体多元、技术专业化、风险多重叠加等新特性,应该通过多元主体的协同,发挥各方主体的优势,整合社会综合力量,加快数字金融反垄断治理体系建设,提升反垄断监管水平和整个行业的治理水平,以应对数字化时代背景下的金融垄断风险的新挑战。

最后,平台声誉机制的缺失要求多元主体参与监督协同。平台作为治理主体拥有一定的权力,则需要监督者实施监督,将权力关在制度的笼子里,防止权力滥用。这就需要行业协会等自律组织参与协同治理,通过增量治理规则形成协同治理机制的整体性设计,弥补存量治理规则的不足,加强治理规则、治理标准的制订,加快监管规定、行业标准、自律规则的制定,建设多层次的协同治理规则体系,实现有效的治理规则供给。

总体而言,政府适时、适度地介入金融市场反垄断治理是必要且重要的,我国语境中反垄断的协同治理应当是一种适度的制度安排,在讨论监管机构在数字金融平台反垄断治理中的作用时，核心症结是对监管机构的介入方式、介入程度、介入效能的探讨，而非对其应否介入的讨论，这是数字金融平台反垄断协同治理应当把握的基本原则。协同治理是我国共建共治共享的中国特色社会主义的根本社会治理制度的体现，中国共产党具有总揽全局、协调各方的重要任务，要坚持总揽全局、协调各方的党的领导制度体系。

（三）风险社会合作治理理论

风险社会合作治理理论[①]提出的现代社会属于风险社会的观点形成了社会学研究的重要范式。风险社会是现代社会发展的一个阶段，不同于传统危险社会的危险形成于外部环境，风险社会侧重于风险和人为因素以及社会选择之间的内在联系。风险社会的特点在于：一是风险的产生具有人为性。根据风险社会悖论的观点，风险源并非外界因素，现代社会风险源自试图控制风险的控制者本身。季卫东指出，风险可以通过防控手段预防，也可以通过社会治理手段转移，正是风险的这种特性让现代社会在风险社会与失范社会之间来回摇摆。[②] 二是风险的产生具有制度性。风险与现代制度紧密相连，风险从社会组织体制、社会机制、社会制度中产生。三是风险的影响具有广泛性，风险穿透社会某一领域，在经济、金融、政治、文化中广泛存在。

---

① 参见[德]乌尔里希·贝克：《风险社会》，张文杰、何博闻译，译林出版社 2018 年版，第 22 页。

② 参见季卫东：《风险社会如何进行决策与法律沟通——由“雷洋”事件和“万科”事件谈开去》，载《探索与争鸣》2016 年第 10 期。

风险社会悖论说明社会治理行为本身也会伴生风险,治理者在治理风险时伴生的负外部性难以避免,这揭示了现代社会单一式治理的缺陷,单一权力无法完成对数字金融平台垄断问题的治理,现代社会更需要权力协同配合,只有这样才能形成综合效应最大化。治理者本身难以克服会带来风险的治理行为,协同治理可以通过划分行为边界,将可能形成风险的行为交由协同治理者实施,以实现治理成本的最优与治理效果的最佳。需要说明的是,这种讨论还在理论层面,边界划定还需要进一步讨论,或可通过监管沙盒在实践中试验与调整。

由于风险的制度性与广泛性,风险外溢问题突出存在,风险通过不同途径向社会各个方面不同程度地外溢,突破了传统的可能一个权力就能解决一个问题的思路,现代社会更需要的是对一种风险、一个新的行为或者对一种经济组织、风险状态多种权力的协同。数字金融平台的垄断行为叠加反竞争性与金融属性,其垄断风险外溢与金融风险的糅合不仅推高了金融风险,还将风险通过混业经营平台向纵深蔓延,其一个垄断行为不仅关涉一个经营者利益,也影响多方主体利益,原有的部门法分立的格局与条块分割的监管方式无法对针对数字金融平台垄断行为的特性作出有效回应。数字金融平台反垄断治理,只有金融监管权力和反垄断监管权力协同一体才能实现监管效力的一体化。

二、数字金融平台反垄断协同治理的现实逻辑

(一)基于我国政治权力一体化的话语权逻辑

根植于我国土壤的政治权力一体化为数字金融平台反垄断

的协同治理提供了话语权基础。中国特色社会主义制度体系中，中国共产党拥有宪法确认的领导权和执政权，是最高政治领导力量，坚持中国共产党的领导为不同权力部门协同治理提供了一致性的权力基础。在数字金融平台反垄断治理中，协同治理在党的政治权力的统一安排下进行，能够实现低成本高效率的统筹权力分工与权力合作，发挥我国国家治理的最大优势。“我国制度结构与分立式治理的政治权力结构和制度安排迥然有别，分立式治理缺乏现实正当的制度基础。”①我国的政治体系不同于西方国家的权力分工，我们的权力分工也并非似西方国家泾渭分明，单一与分散的治理模式在我国金融发展的初期阶段有其历史的、经济的、政治的正当性基础，而当我国的数字金融行业发展到位居世界规模前列时，对数字金融平台垄断的单一治理模式与分立式治理机制则面临正当性与合理性拷问。

有必要在金融领域坚持党的集中统一领导，坚持和加强党对金融工作的统一领导，由对监管机构之间的冲突予以协同，基于党的一体化和对党的政策的遵从在总体的战略部署方面和战术推进方面做到一体化推进，避免各行其是的监管损害治理的统一性，这是强化金融发展的政治保障，是我国金融业区别于西方国家金融业的最显著标志，也是行政执法部门做好金融监管工作的最大政治优势。

数字金融平台反垄断协同治理具有思想基础的正当性。从历史上看，中国共产党是自新中国成立以来唯一执政的马克思主

---

① 鲁篱：《论金融司法与金融监管的协同治理机制》，载《中国法学》2021 年第 2 期。

义政党，具有领导党和执政党的双重属性，这既是一个历史事实，又是一个法理逻辑。[1] 中国共产党拥有对国家和社会的统一领导权，政法机关处于党的领导之下。无论反垄断监管还是金融监管都强调对社会利益的维护，都强调对社会安全的关注，都强调对中国特色社会主义市场经济的坚守。我国 2022 年修订的《反垄断法》明确将"坚持党的领导"写入法律文本中，构建了中国特色社会主义法治话语体系。

数字金融平台反垄断协同治理具有机制基础的正当性。我国反垄断监管与金融监管都隶属国务院，在国务院的议事机制规则下，在国务院常务委员会的领导下，可以实现一体化。我国具备协同不同权力冲突，建构权力合作的机制。比如，国务院的常务委员会的定期会议可以实现权力的协同治理问题。

（二）基于合作社会专业知识分工与协同的行动者逻辑

奥地利经济学派关于分工合作的理论揭示了合作社会的基本原理。现代社会是一个开放式的社会，与封闭式社会的区别就在于能否接受合作社会的基本原理。自利和他利、个体与整体、封闭与开放的关系在合作社会理论中体现为分工与协同/合作的关系。因此，个体的行动要遵循合作原理，当自利的行为接受合作原理并主动向合作前进时，则体现为自利向他利、分工向协同的转变。

专业知识细分是在专业领域深耕作的重要条件，伴随经济全

---

① 参见张文显：《中国式国家治理新形态》，载《治理研究》2023 年第 1 期。

球化、知识互联网化、行业混业化的社会的形成,合作社会原理更是具有了作用的意义。合作社会原理适用于国家制度、法律制度、伦理道德,各国都朝着合作社会原理的方向发展。知识的承担者是独立的个人,个人获取知识的渠道、方式、接收能力、运用程度始终有限,专业知识的合作并非意味着对既有知识的放弃,而是通过与拥有另一种知识技术的主体的合作协同,实现智识效能的最大化,发挥两种知识叠加碰撞生成远大于二的效果。

从方法论角度看,知识的践行者与承载者是个人,方法论个体主义是指把个体视为行动者,从个体出发来理解现象。在经济学理论方面,哈耶克认为合作原理可以被称为市场经济原理,缺乏私有产权制度与价格机制的"自发"合作不具备存在的基础。政府通过服务于实施普遍的一般性规则,服务于分工合作。在个人领域难以制定的规则领域,需要用合作理论弥补分工的不足。抽象的、难以人为制定的领域往往被认为是合理的合作领域,垄断领域因其新的算法特征、技术特征,成为合作的重要领域。

我国传统社会的行政机构采用分工理论构建,如金融监管机构按照行业类型分别设置了原银保监会、证券业协会、央行,反垄断机构又将这三个产业单独设置平行机关,各行各业分别展业;单位在人员招聘与录用中都强调专业对口,分工—合作的原理中,分工与合作虽发生在不同行业领域、不同利益的主体之中,但只要存在合作的可能,他们的利益就是相互促进的。

一方面,若要求金融监管机构对垄断行为作出判断无疑会增加机构成本,超出机构现有行为能力,若因此要求央行增加一个专设机构用于判断垄断行为,显然与金融机构原有职能格格不入,甚至需要通过增编来解决人员专业对口问题,不符合行政机构与人员编制设置的必要性与合理性要求;另一方面,反垄断执法机构从业人员对金融业务掌握不足但对垄断的判定更为精通,金融监管机构的从业人员缺乏对反垄断专业知识的了解,但其对金融企业专业领域的知识有深入掌握,建立专业智识的互联互通,形成专业知识的一体化合作,专业知识的一体化能够补全知识结构的差异,也是更佳的方法论选择。

(三)基于新兴金融市场的行业竞争逻辑

我国金融行业在改革开放以前属于完全垄断的市场结构,由中国人民银行监管一切金融业务,金融主管机构以促进行业发展为目标,以推行产业政策为手段,在金融管制模式上拥有较为强大的路径依赖。市场经济体制的建立和金融活动的发展改变了我国金融行业的市场格局,原有的单一治理模式仅凭一己之力无法承担我国金融行业的反垄断任务。我国多年来采用的平台经济的分散监管模式并没有解决也很难解决平台经济风险外溢与负外部性问题,构建主体协同机制是促进竞争监管与金融监管协同治理一体化的重要手段。

在此方面,我国金融监管已有多年的实践经验,无论是2018年以前的银监会、证监会和保监会的协同机制的建构,还是2018年以后在金融稳定委员会指导下的一行两会之间的协调,以及方兴未艾的金融监管与金融司法之间的协同治理都表明,金融领域的协同治理不仅具备理论的合理性,同时也具备现实的可行性。具体到数字金融平台的反垄断治理,我国的数字金融平台市场虽然形成了多寡头平台的局面,但仍然是一个具有竞争力的市场,市场主体对公平竞争的市场环境有很高的需求,反垄断执法空间充分,金融监管机构与反垄断执法机构作用于数字金融平台市场能够发挥更大的效用,将各自专业性知识的优势以及专业性规制工具的效用进行综合利用,能够实现更优的治理效能。

第四章　数字金融平台反垄断协同治理的路径比较

前述的分析表明协同治理应当成为我国对数字金融平台治理模式的必由之路，如何开展协同治理各国却有不同的制度选择，因此本章对比当前国际数字金融平台治理的两种主要进路，分析对比两种进路的相同与差异之处，从我国国情出发分析对我国的启示。选取欧盟与美国模式与治理路径进行比较分析的原因在于，一是当前全球数字金融创新发展至今，业已形成英美、欧盟、中国反垄断"三足鼎立"的基本格局，[①]世界各国都将目光投向三大辖区的反垄断治理实践。我国与欧盟、美国并列成为国际上三大反垄断主要辖区，数字金融平台的发展状况与垄断阶段具有共性。二是欧盟与美国拥有较为丰富

① 参见王达：《论全球金融科技创新的竞争格局与中国创新战略》，载《国际金融研究》2018 年第 12 期。

的理论与实践经验,且在数字金融行业反垄断治理中呈现出不同的治理思路。美国与欧盟作为当下数字市场反垄断治理走在世界前列的极具代表性的反垄断辖区,其治理模式值得我国研究参考。

一、一元执法模式下的协同治理路径

一元执法体制由单一且独立的行政执法主体担任反垄断执法职能。欧盟采用一元执法体制,由欧共体委员会[又称欧盟委员会(European Commission,EC)]承担主要的反垄断公共执行职能。欧盟委员会是欧盟的常设执行机构,具有提出与实施立法、管理欧盟预算的职能。欧洲议会是代表公民利益的立法机构,议会有权批准、修改或拒绝欧盟委员会提出的立法。欧盟法院负责欧盟法律在其成员国的一致解释与应用。由于意识到反垄断监管中协同治理的重要性,欧盟委员会尝试采取举措建构反垄断监管和行业监管之间的协同治理机制,其行政协同治理模式的构建和举措大体有如下的制度安排。

(一)精准设立治理机构

为了确保金融服务领域新的参与者能够进入欧盟支付市场,欧盟新设金融服务部门负责相应监管以确保竞争的公平性,防止垄断行为对市场秩序的破坏,保持公平的竞争环境。

根据欧盟委员会的最新结构设置,①欧盟委员会下设 57 个部

---

① *Departments and executive*, *agencies*, European Commission 2023 - 03 - 13, https://commission. europa. eu/about-european-commission/departments-and-executive-agencies_en.

门,其中竞争事务总局(The Directorate General for Competition, DG COMP)负责竞争与反垄断法政策,经济和金融事务总局(DG Economic and Financial Affairs, DG ECFIN)负责促进经济增长、增加就业、稳定公共财政和金融稳定的政策,金融稳定、金融服务和资本市场联盟总局(DG Financial Stability, Financial Services and Capital Markets Union, DG FISMA)是负责金融稳定和资本市场的专门机构。这三个机构为平行关系。竞争事务总局下设9个分局,A局负责竞争政策和战略事务,[①]D局为金融服务类行业的反垄断事务处理机构,由1名行政专员总长和5名行政专员负责不同类别的金融服务。[②] 欧盟委员会主席乌尔苏拉·冯德莱恩于2019年12月签署了"一揽子决策"(The package of decisions),把欧盟委员会其余26位行政领导分为6组专员小组,其中一个小组专门负责数字市场的工作,"以帮助落实委员会的政治优先事项,同时重点关注贯穿各领域的问题",第一阶段为期5年。[③] 在金融事务与金融行业的反垄断事务发生冲突时,由欧盟委员会负责协调冲突,欧盟委员会对竞争事务总局与经济和金融事务总局的工作进行协调。通过精准设立机构,欧盟委员会建立了对金融市场新的参与者的竞争执法工具,密切审查金融市场竞争对手之间的合并和金融服务行业的垂直整合,重点关注数字市场的市

① 参见万江:《中国反垄断法理论、实践与国际比较》,中国法制出版社2015年版,第263页。

② European Commission, https://competition-policy.ec.europa.eu/system/files/2023-03/organisation-chart-dg-comp_en_0.pdf.

③ European Commission: *Commissioners Groups*, https://commissioners.ec.europa.eu/index_en.

场力量与竞争问题。

传统金融业反垄断监管由欧盟委员会统筹,并未设置协同监管机制。欧盟的数字金融市场为新兴市场领域,此前缺乏对该市场的专门监管,在此次改革浪潮中欧盟及时调整了机构设置,成立了数字市场管理行政专员小组。该小组是一个由 6 名专员组成的,暂定为期 5 年的独立行政小组,5 年期满时可能会调整专员小组的成员,也可能调整小组本身。

竞争监管总局中 D 局专门负责金融事务,数字金融平台作为新兴金融也划归 D 局处理。当 D 局事务与 DG FISMA 出现重合或冲突时,由欧盟委员会数字市场专员小组进行协调以确保反垄断的顺利进行。欧洲议会于 2022 年 7 月颁布 DMA 和 DSA 对头部金融科技平台企业实施事前监管后,为了确保竞争法与 DMA 的连续性,确立了欧盟成员国的竞争执法机构(National Competition Authorities, NCA)执行《数字市场法案》(Digital Markets Act,DMA)中监管执法权的方案。据此,数字金融平台的反垄断监管执法权由统一走向分散,竞争执法机构与欧盟委员会都拥有对数字金融平台的反垄断执法权,欧盟委员会是执行 DMA 的主要机构并拥有指定守门人或豁免的管辖权,竞争执法机构拥有执行 DMA 的义务与主动的调查权和监督权。

(二)赋予反垄断执法机关监管职能

欧洲理论界与实务界重新讨论了竞争法与监管的二元关系,最终统一采用了竞争法与监管互补关系的观点,重构监管与规制的关系,拓展了监管的概念。竞争法与监管的互补关系将竞争法和监管放在国家干预工具的广义视角进行讨论,认为竞争法与监管虽然是不同种类的市场监管机制,但它们同属于国家干预的工具,因此,如果经济活动属于这两者的范围,竞争法和竞争条例就可以同时适用。

根据这一观点,欧盟对监管的概念采用了广义解释,认可竞争法和监管本质上相同这一论点,调整反垄断执法机构职能,将监管的功能划分给反垄断执法机关。根据互补关系的理论阐释,欧盟将金融行业反垄断执法权保留在反垄断执法机构。

欧盟曾禁止设立互联网服务的事前许可,因关注到电子支付领域寡头垄断的隐现,欧盟于2015年通过支付服务法令2要求银行与相关支付机构开放应用程序接口,以此防范互联网金融市场垄断。

2020年,欧盟委员会(以下简称欧委会)为评估现行竞争规则的有效性启动了行业调查,①以便委员会在获取调查结果后凭借数据结果讨论是否需要事先作出监管回应,以确保现有市场能够与具有重大网络效应的平台进行有效的竞争。委员会还就是否需要一种可能的新竞争工具展开了一次公众咨询,该工具将允许通过实施行为补救措施和适当的结构性补救措施,及时有效地解决结构性投诉问题。② 此后,欧盟委员会在其公布的数字

---

① European Commission (n 4) 10. See also European Commission, *Digital Services Act Package: Ex ante Regulatory Instrument for Large Online Platforms With Significant Network Effects Acting as Gatekeepers in the European Union's Internal Market*, (2020). Inception impact assessment < https://ec. europa. eu/info/law/ better-regulation/have-your-say/initiatives/12418 – Digital-Services-Act-package-ex-ante-regulatory-instrument-of-very-large-online-platforms-acting-as-gatekeepers > accessed 2 July 2020.

② European Commission, *New Competition Tool*, (2020). Inception impact assessment <https://ec. europa. eu/info/law/ better-regulation/have-your-say/initiatives/12416 – New-competition-tool > accessed 2 July 2020.

化战略中指出,竞争规则需要适应新的数字化商业模式运作的具体情况,①单凭竞争政策无法应对平台经济面临的系统性问题,需要额外规则确保数字平台市场的竞争性、公平性、创新性以及市场进入的可能性。② 欧盟通过《数字市场法案》设置了数字市场咨询委员会,该机构是欧委会的辅助机构。欧委会指出,平台事前监管机构应从科层组织典型的线性结构转向网络结构的合作模式,重视与监管对象及其竞争对手和主要客户、行业协会、专家学者等的合作,通过多方协商对话的方式确立平台开放标准。

为了应对数字金融平台垄断,欧洲议会于 2022 年 7 月通过《数字市场法案》与《数字服务法案》对满足条件的数字平台进行监管,欧盟区域内的德国第 26 号银行、瑞典克拉那银行等本地头部平台与境外五大科技巨头谷歌共有股份公司、亚马逊集团股份有限公司、脸书、苹果公司和微软公司均为两部法案的重点监管对象。两部法案建立了反垄断执法部门事前监管的执法权,将反垄断事中、事后监管的职能权限拓展前移至事前领域。

(三)强化规则引领,颁布特定条例监管金融垄断

欧盟委员会调整了竞争法与监管的关系,将监管权赋予反垄断执法机关后,通过颁布约束数字平台影响公平竞争秩序的《数字市场法案》和《数字服务法案》,将执法权保留在反垄断执法机

① European Commission (n 4) 8.
② European Commission (n 4) 9.

关内部,降低了分散执法的合规成本,快速推进对数字市场垄断行为引发的不公平竞争问题的反垄断监管。

为了适应金融行业反垄断执法实践,欧盟主要通过颁布金融领域的特定条例的方法对金融行业予以反垄断规制,制定金融行业反垄断法规加强金融行业监管,颁布了《欧盟金融工具市场指令》和《欧盟金融工具市场法规》并于 2017 年 1 月更新实施,颁布《欧盟支付指令》,废除《保险业反垄断集体豁免条例》。新规加强了对算法交易、高频交易等领域的监管,通过事先报告、事中控制、事后监督等方式,对技术进步可能给市场带来的不利影响进行防范。

2020 年 8 月,欧委会在线平台经济观察专家组发布了 3 份进度报告,旨在为决策者提供在线平台监管政策的有关信息。其中一份侧重于平台“衡量和经济指标”的报告重点提及“杀手级并购”问题。为了确保欧委会能够及时获得此类并购的有关数据,专家组建议欧盟考虑要求主要平台履行向欧委会报告其并购活动的“新义务”,以确保欧委会对其进行适当研究和监管。“良好监管”的平台经济应允许中小企业的公平竞争,且应预防“国际性垄断”的形成。阿尔特迈尔在向欧洲议会内部市场委员会阐述德国作为欧盟轮值主席国的优先事项时强调,竞争法作为防止市场垄断的最佳解决方案,将成为德国的重点工作。他强调,只有在个别大公司引起的“国际性垄断”被有效制止的情况下,平台经济才有可能受到良好监管。报告亦强调,行业协会和统计机构应积极收集包括在线平台营业额如何形成的相关数据,以作为获取了解小型企业对大型平台依赖程度的一种手段。该建议是针对

2019 年以来发生的一系列占据市场主导地位的技术平台所开展的“高调”并购活动而提出的。这些并购已引发欧盟的持续关注。近期谷歌提出以 21 亿美元收购美国消费电子产品和健身追踪设备制造公司乐活(Fitbit,Inc.)的案例就是其中的典型。2019 年 11 月,谷歌公司宣布将以 21 亿美元收购可穿戴设备公司菲特比特,欧盟反垄断监管机构依法介入。

欧盟 2018 年发布《数字市场竞争调查报告》对数字金融巨头的自我优待行为作出处罚。欧盟委员会调查认为,安卓手机如果没有谷歌的应用商店就无法运行,作为获得使用谷歌应用商店许可证的前提条件,谷歌要求安卓手机的生产企业必须预装谷歌的搜索引擎和谷歌浏览器;谷歌还向一些手机生产企业和网络运营商支付费用,换取预装谷歌搜索引擎。谷歌的行为消除了竞争对手的创新机会与竞争机会,剥夺了欧洲消费者从重要的移动市场有效竞争中可能获得的利益。平台公司的不公正经营行为还包括:修改服务条款且不加以解释;在缺乏清晰理由的情况下,将依赖平台的小企业边缘化。2019 年,欧盟对谷歌不允许使用其服务的网站发布竞争对手广告的禁止性行为罚款 15 亿欧元。

为了防范算法歧视与垄断风险,2019 年 4 月 17 日,欧洲议会批准了《关于提高在线平台交易的公平性和透明度规则》议案,从在线平台中介、应用商店、商业社交媒 3 个方面要求交易算法应当坚持透明性原则,对此欧盟委员会将发挥规制作用。

欧盟证券与市场管理局规定,企业的订单如果是通过推荐算法自动确定的,则必须对相关算法进行备案,备案数据至少存储 5

年,以便日后回溯检查。欧盟证券与市场管理局从数据存储和算法备案的角度发挥治理作用。

裁决程序方面,欧盟反垄断案件的裁决小组实行避嫌制,审查和裁决领导小组由裁决团体内的几位成员组成,反垄断案件立案后与涉案企业有利益关系的裁决团成员适用回避制度,不得进入裁决小组。

(四)构建数字看门人制度治理数据垄断

欧盟旨在维护统一的欧共体大市场,欧盟委员会及其成员国的竞争执法机构将追求公平有效的竞争秩序和资源配置效率置于核心地位,防范和制止各国企业具有影响其他成员国竞争能力的市场势力是其工作的重点,现行《欧盟运行条约》(The Treaty on the Functioning of the European Union, TFEU)第 101 条、第 102 条是欧盟地区竞争法的核心。[①] 从既往案例看,根据 TFEU 第 102 条价格歧视行为的适用范围,认定滥用市场支配地位必须同时认定"相关市场"与"市场支配地位",证明滥用行为的存在以及行为影响成员国之间的贸易这 4 个构成要件,实践中由于存在认定困难,大型数字平台垄断难以规制。

为了适应数字平台垄断对区域市场竞争环境的压制与负面

---

① TFEU 第 101 条规定各机构不得签署以阻止、限制或歪曲内部市场竞争为目的或以产生此类效果为目的并可能影响欧盟贸易的协议。第 102 条主要禁止占支配地位的经济主体滥用其垄断地位对欧盟市场经济带来限制竞争性负面影响的行为。第 102 条禁止 4 种滥用支配地位的行为:(1)不公平贸易条件;(2)限制生产、销售或技术开发,使消费者遭受损害的行为;(3)歧视性商业行为;(4)搭售和附加其他不合理交易条件的行为。

影响,充实补充竞争法的不足,欧盟在其发布的《数字市场法案》(Digital Markets Act,DMA)和《数字服务法案》中制定了专门针对大型数字平台的行为规制,通过数字看门人制度治理数据垄断,革新了平台反垄断监管思路。欧盟委员会在其发布的《数字市场法案》中采用了新的监管方法,在数字市场引入看门人理论,用“看门人”的概念代替“平台力量”作为监管的目标,以应对反垄断法的理论局限,加强对头部平台企业的监管。看门人理论在数字市场的适用由奥拉·林斯基提出,林斯基指出,将“平台力量”作为监管对象无法得出必须对平台进行专门监管的理由,“平台力量”的提法也很容易和反垄断意义上的“市场力量”混淆,一些平台即使没有足够的市场力量也可以对他人的行为产生很大的影响,林斯基建议用“看门人”代替“平台力量”作为监管的主要对象,以应对传统理论无法解决的监管难题。欧盟委员会采纳了林斯基的观点,在平台监管中引入“看门人”的概念。DMA在认定数字市场的看门人时采用了定量标准,这种定量标准可以概括为规模标准、看门人力量标准、看门人力量持续性标准与平台生态影响标准,满足条件的企业被推定为数字看门人(见表4-1)。

表4-1 欧盟数字市场看门人的认定标准

项目	内容
立法依据	《数字市场法案》,2022年7月5日由欧洲议会通过、7月18日由欧盟理事会批准,2022年11月1日正式实施
概念	满足条件的核心平台服务提供商。该核心平台服务包括市场和应用商店、搜索引擎、社交网络、云计算服务、广告服务、语音助手和网络浏览器

续表

<table>
<tr><th>项目</th><th colspan="3">内容</th></tr>
<tr><td rowspan="6">定量标准</td><td rowspan="3">规模标准</td><td>营业额指标</td><td>欧洲经济区范围内，连续三个财政年度每年营业额均≥75 亿欧元[1]</td></tr>
<tr><td>市值指标</td><td>欧洲经济区范围内，其所在的上一财政年度的市估值为至少 750 亿欧元</td></tr>
<tr><td>用户数指标</td><td>在欧盟拥有至少 4500 万月度最终用户，或者拥有每年至少 1 万个企业用户</td></tr>
<tr><td>看门人力量标准</td><td colspan="2">该平台必须控制至少三个成员国的一项或多项核心平台服务</td></tr>
<tr><td>看门人力量持续性标准</td><td colspan="2">在过去三个财政年度中的每一年都满足其他两个标准</td></tr>
<tr><td>平台生态影响标准</td><td colspan="2">德国《反垄断法第十修正案》把平台是否存在垂直整合以及其他关联市场上的活动作为判断其是否是数字守门人的一个重要指标；法国国家监管局（National Regulatory Authority，NRA）的相关文件强调作为守门人的平台本身就应该是某个生态的一部分</td></tr>
</table>

〔1〕欧盟于 2022 年 3 月 20 日通过的《数字市场法案》修改了提案第 2 条、第 3 条关于年营业额的规定，将原来的“过去三个财政年度内在欧洲经济区的年均营业额”由 65 亿欧元上调至 75 亿欧元，将原来的市场估值由 650 亿欧元上调至 750 亿欧元。

欧盟进一步规定了“准数字看门人”的认定标准，根据在线平台的地位，如若其“在不久的将来会享有稳固的地位是可预见的”，例如提供商在至少 3 年内已在至少三个成员国中为非常多的业务用户和终端用户提供了核心平台服务，①则被认定为准看门人。欧盟规定了看门人适用的例外，将“企业举证证明存在特殊情况”②作为认定看门人责任的抗辩事由，也被称为看门人的避风港规则。规模标准中，营业额标准或市值标准只要满足其中之

① DMA(21)，p. 19；Article 3，1.（c）. p.36.

② DMA Article 3，6. p.37.

一即可被认定为数字市场看门人。"准数字看门人"的规定保证了数字看门人的义务延递性,为欧盟委员会对竞争地位得到证实但尚不可持续的公司留下了适用空间。艾米莉·雷德罗[①]将互联网平台中的看门人进一步区分为网络看门人与网络信息看门人。罗里·范·卢[②]描述了行政机构如何越来越多地征召这些平台看门人履行公共监管职责和监管其他企业。

为了弥补原有法律框架的缺失,将"扼杀式并购"行为纳入规制框架,DMA 规定看门人平台需要将任何计划中的并购交易通知欧盟委员会,即使这些并购并未达到申报标准或者不影响成员国之间的贸易。

法律责任方面,欧盟对违法看门人规定了严格的惩罚性责任。作为看门人的大型平台公司如果违反法案的相关要求将面临高达公司全球年度总营业额 10% 的罚款,或在屡次违规的情况下处以 20% 的罚款,或定期支付高达每日平均营业额 5% 的罚款;如若系统性违反上述义务,在主管部门经过市场调查后可能对看门人企业施加额外的惩罚措施,例如禁止收购提供数字领域服务的公司的行为性惩罚措施和剥离(部分)业务的结构性惩罚措施,以应对大型互联网平台企业的抵制性行为。苹果公司随后宣布其在韩国的线上应用商店向第三方支付开放。[③]

---

① See Emily B. Laidlaw, *A Framework for Identifying Internet Information Gatekeepers*, 24(3) International Review of Law 263(2010).

② See Van Loo, R., *The New Gatekeepers: Private Firms as Public Enforcers*. 106 Va. L. Rev 467(2020).

③ 苹果公司于 2022 年 7 月 2 日宣布在韩国苹果商店独家分发苹果手机应用的开发者可以使用第三方支付系统,而不是在苹果的应用内支付系统。虽然外媒报道该回应是对 2021 年通过的《电信商业法案》修正案的回应,但结合其开放支付系统的时间以及之前对荷兰监管局的抵制性做法来看,很难说没有受欧盟 DMA 对该行为施加的额外的行为性与结构性惩罚的影响。

该事件不得不令人警醒平台巨头滥用优势地位对消费者和平台内经营者带来的损害。在 2008～2009 年的国际金融危机中“看门人机制失灵”问题同样令人反思，如果看门人不切实承担其看门人责任，仅靠被监督对象提供的信息做形式而非事实的核查工作，则依旧可能发生失灵的现象。这也充分说明严厉的法律责任对数字市场看门人制度保障的重要性。

二、二元执法模式下的协同治理路径

美国的反垄断执法体制属于二元执法体制，其反托拉斯法的执行由美国联邦贸易委员会（Federal Trade Commission，FTC）和司法部反托拉斯局（Department of Justice's Antitrust Division，DOJ）共同执行。需要特别指出的是，在美国，司法部反托拉斯局担负着对垄断行为起诉的权力，具有许多国家检察机关才具备的公诉职能，特别在我国更是如此。因此，基于对我国检察机关属于司法机关的定位，从我国的语境出发，笔者把美国的模式定位为行政司法模式。

（一）联邦贸易委员会与司法部反托拉斯局的协同机制构建

美国的反垄断执法极具特点，主要体现为以行政司法为特点的二元执法模式和以诉讼为裁判方式的司法模式，因此，美国模式又被称为司法模式。联邦贸易委员会为隶属国会的独立的行政执法机构，享有立法权与准司法权，相比司法部能够更加自主地发布商业与贸易领域的指导原则与专业性报告。联邦贸易委员会的职能主要是在商业与贸易领域之不正当竞争行为和保护消费者权益,兼有反垄断职能,享有民事诉讼启动权,无刑事诉讼启动权。联邦贸易委员会下设竞争局、经济局、消费者保护局、政策发展室、行政法官室、主要官员办事处、公共事务室、国会关系室、法律总顾问室、地区办事处及地区站,有美国市场竞争秩序"经济警察"的美誉。①

司法部反托拉斯局隶属司法部,是一个独立的行政机构,《谢尔曼法》《克莱顿法》是司法部反托拉斯局的执法依据,拥有启动民事诉讼程序和刑事诉讼程序的权力。司法部反托拉斯局设有3个经济分析部门、7个调查部门,此外还有起诉部门、法律政策部门、外事部门和行政办公室,其职责为反托拉斯法的民事执行、刑事执行、国际执行、行业管制和经济分析,拥有广泛的调查权力。在确定是否存在反竞争行为时,需要由司法部反托拉斯局根据案件情况提起民事诉讼或刑事诉讼,由法院裁决。

司法部反托拉斯局和联邦贸易委员会在执法权发生冲突时通过签订备忘录的方式进行协同,如1948年双方通过备忘录确立了以事前相互通知的方式获得对方认可作为协调管辖权冲突的方式。② 2002年双方在签署的《清理调查程序的协议备忘录》中明确约定了司法部对金融各行业的反垄断调查权。

(二)反垄断机构与金融机构的双重管辖

美国在20世纪90年代后期第二次金融监管体制变革中废除

① 参见孟雁北:《反垄断法》(第2版),北京大学出版社2017年版,第336页。

② 驻美国经商参处:《美联邦机构反垄断执法体系》,中华人民共和国商务部,2017年10月30日,http://us.mofcom.gov.cn/article/ztdy/201710/20171002662087.shtml,最后访问日期:2023年1月10日。

了《格拉斯－斯蒂格尔法案》对金融混业经营进行限制,1999 年通过的《金融服务现代化法案》为金融创新铺平了道路。该法案规定由美联储对金融控股公司实行伞形监管,形成整体评估叠加分设三个金融监管机构实施分业监管的监管框架。

2008 年国际金融危机后,美国进行了第三次监管改革,通过立法颁布《多德－弗兰克华尔街改革和消费者保护法案》(以下简称《多德－弗兰克法案》)积极应对金融企业的混业经营风险,规定美联储具有对系统重要性非银行金融机构和 500 亿美元以上机构的监管权,将系统重要性非银行金融机构划归美联储监管。2010 年,美国金融监管机构改革时组建金融稳定监督委员会(Financial Stability Oversight Council,FSOC)作为协调组织机构,其功能在于识别影响金融稳定之风险因素,促进成员机构间金融监管信息沟通与信息数据分享,降低金融市场的道德风险,增强市场的自我约束,应对危及金融体系稳定的新的风险隐患。金融稳定监督委员会可以要求对任何大型非银行机构进行特别监管,包括监管系统性金融市场设施和支付清算机构的交易行为与金融信息,对其进行破产处置。监管框架则保持现有的综合性监管作为实施功能监管的基础。为因应科技驱动下的各种金融创新活动,2017 年,美国发布《金融科技框架》对金融科技公司的金融业务实施功能进行监管,被称为限制性监管模式。

美国银行业实行双轨制,银行业由联邦政府和州政府进行双层监管,美国联邦政府层面由监管机构对银行实施监管,州政府层面由银行管理机构、储蓄机构监管办公室、国家信用社管理局和司法部反托斯拉部门对银行、证券、保险市场实施功能监管。

由于美国的金融监管机构与反垄断执法机构对金融行业都有管辖权，由监管机构与反垄断执法机构共同完成各金融行业的反垄断执法，司法部是负责金融业反垄断调查的主要反垄断执法机构，银行业金融监管机构与司法部形成金融行业反垄断双重管辖模式。

从美国反垄断法规制与金融行业规制的冲突化解的措施看，美国在实践中形成了三种范式：[①]第一种是行业规制机构是竞争监管机构，行业规制决策使特定行业行为豁免或不能豁免于反垄断法的再规制。《克莱顿法》第7条规定对于证券交易委员会批准的某些交易可以免除反垄断机构的审查。第二种是行业规制机构不处理竞争问题，由反垄断法规制机构实施反垄断规制。第三种是在进一步完善金融行业反垄断监管协同中衍生出的范式，由反垄断适用为优先，个别行为豁免为例外，豁免是为了实现金融稳定与金融普惠等竞争之外的目标，且必须有合理的法律与条例支撑。[②] 当金融业反垄断机构面临并购案件的执法冲突时采用“双重审查”标准，以并购行为作为划分执法主体与协同方式的标准，即反垄断执法机构与金融监管机构都享有执法权，均有权批准和拒绝银行合并申请，至于由何机构实施权力则取决于产生合并效果的机构类型，但如果个案由金融监管机构行使了执法权，反垄断机构并未介入，则需由反垄断部门需要进行复审。另外，

---

① 参见刘乃梁：《银行业反垄断规制的冲突及其协调》，载《法商研究》2019年第1期。

② See OECD, Relationship between Regulators and Competition Authorities, 24 Jun., (1999).

所有的银行合并交易都需由反垄断执法机构复审。美国还建立了金融监管部门与反垄断规制部门的执法协同机制,建立审查信息的共享与问询机制,以便降低协同成本,保障协同效能。

案件调查取证方面,金融监管机构主导的反垄断工作主要集中在案件的调查取证方面,由反垄断执法机构配合查处。美国自2010年以来开始加强国内多部门对金融行业的反垄断监管合作,并形成了一些较为成熟的协同治理的经验。在美国司法部2012年查处的瑞士银行、苏格兰皇家银行、德意志银行、摩根大通和花旗集团等多家金融机构操纵伦敦银行间拆借利率报价交易牟利的垄断协议案中,由于存在管辖权的交叉,司法部反托拉斯局和美国证券交易委员会进行了执法协同,具体步骤为:先由监管机构启动立案调查,接下来反垄断执法机构加入并组成联合调查组,随后双方共同参与调查分析工作,最后反垄断执法机构借助监管部门通过监听等刑事侦查手段和方法获取的关键证据,实现案件突破,取得了良好的协同效果。美国在对金融行业间操纵价格案件的反垄断调查中主要通过组建联合调查组的方式实现相关部门的协同,共同行使执法权。从执法成本角度考虑,这种协同方式既节约了分别执法的成本,又有助于发挥不同执法机构的专业知识与技术能力,形成智识叠加效果,还能够对被调查对象施加强大压力,便于案件的迅速突破,为举报行为施加动力,降低调查难度,节约社会资源。

(三)平台反垄断治理的举措

美国国会治理平台垄断的目标是为公平竞争创造必要条件,

这一目标和原则同样适用于金融服务行业。美国的反垄断法由美国国会制定,国会是美国治理平台垄断的引领者,法院、执法部门或私人部门不得制定反垄断法律。

作为互联网的发源地,为了鼓励企业创新,早期美国对数字企业实施宽松的"轻触式"(light touch)监管政策。1996 年,时任美国总统克林顿明确表示要避免数字企业创新受联邦与州监管限制,保持互联网的自由发展。① 美国制定了"避风港"原则,互联网服务提供商在不知情的情况下不必为第三人的民事侵权行为承担责任。早期在哈佛学派的影响下,美国秉承产业组织结构决定企业行为进而决定市场绩效的观点,对存在垄断结构的企业予以反垄断关注,对达到垄断结构的企业进行产业组织结构的拆分以实现遏制垄断行为、提升市场绩效的目的,1911 年的标准石油公司被拆分和 1984 年的美国电报电话公司被拆分都体现了结构主义的反垄断思想。后来芝加哥学派提出,并非结构决定行为,而是行为决定结构,应结合企业行为对市场集中于定价结果的影响判定平台是否构成垄断,不对兼并等与产业组织结构相关的行为予以禁止,而是考察行为对效率与竞争的影响。芝加哥学派的观点直接影响了美国的反垄断法实践,司法部反托拉斯局在 1982 年版的《兼并准则》(American Merger Guidelines)中放松了反竞争标准,强调效率标准。之后芝加哥学派进一步强化、完善和拓展了芝加哥学派的行为主义和效率至上的核心要点,注重研发创新激励,强调动态竞争,坚持合理推定原则,将保护消费者作为反垄断的

---

① Statement of Chairman AJIT PAI, *Restoring Internet Freedom*, 17 WC Docket, 108, https://docs. fcc. gov/ public/attachments/FCC – 17 – 60A2. pdf.

首要目标,注重对消费者福利影响的经济分析,承认市场势力拥有合理的激励和投资回报,认为纵向一体化能够促进效率,避免对大型企业的严格反垄断执法。

随着平台力量的增强,美国反垄断执法部门近期的措施呈现出对数字平台市场势力加强反垄断监管的趋势。

一是加强平台监管。2019 年 6 月到 2020 年,美国国会组成了一个隶属法律委员会的子委员会对数字市场竞争情况进行反垄断调查。反垄断子委员会主要负责,法律委员会提供支持。2020 年 10 月,子委员会发布了旨在治理平台垄断、维护数字市场公平竞争的《数字市场竞争调查报告》,在报告中提出以下具体措施。第一,结构化拆分与业务限制,用以减少平台中的多重利益冲突,减少其他企业对平台的依赖从而抑制冲突;第二,规定反歧视政策,禁止平台公司对自己的产品和服务予以优待,对具有支配力量的平台滥用优势议价能力签订合同的行为进行反竞争性推定;第三,降低消费者迁移至其他平台的成本,加强数据互操作性、可迁移性,开放数据接口;第四,保护潜在竞争对手、新生竞争者及初创企业,对扼杀并购行为进行前置监管,对可能导致单一经营者控制显著市场份额的行为或导致集中度显著提升的交易行为予以禁止,推定具有支配力量的企业对于初创企业的收购具有反竞争性,尤其是在该初创企业是具有支配力量企业的直接竞争者时,该初创企业与具有支配力量企业的业务属于相邻市场类型时;第五,重构反垄断法内容,强化反垄断法的执行与私人诉讼的力量;第六,重塑反垄断法目标,从保护消费者到保护消费者与保护生产者、企业家、独立企业、公开市场、公平经济及民主理想的目标并存,重视企业内部的反垄断合规制度建设;第七,提出"垄断性平台"的三个定性标准,若平台通过合同或数据抑制等方式控制市场准入,通过收购、复制或直接挤垮竞争对手等方式削弱市场竞争,自我优待,掠夺性定价,或其他排他行为巩固市场支配地位的做法会被认定为垄断性平台。

二是加强算法歧视的自律规制。美国2019年的《算法问责法案》拟对拥有100万人以上用户的平台公司进行算法审查。① 美国计算机协会制定了算法透明度及可审查性原则的行业标准。金融稳定监督委员会提出"设计责任"的概念,提出为提前发现算法风险,应要求算法设计者在算法开发阶段接受第三方审查的基本思路。

三是加强数据监管。美国众多学者提出制定"数字平台法"的立法建议,提出为数字经济建立公共事业类监管的提议,主张设立数字管理局对数字平台进行专门监管。这些学者认为需要将传统的反垄断工具包与事前干预相结合以防止主要平台的反竞争行为。②

四是反垄断法是否实质趋严有待观察。以新布兰奇学派为代表提出,有效竞争的反垄断标准(an effective competition antitrust standard)有替代芝加哥学派消费者福利标准的趋势。芝加哥学派在分析了种种现象后指出,原有的消费者福利标准与上

---

① H. R. 2231 – Algorithmic Accountability Act of 2019, https: //www. congress. gov/bill/116th-congress/ house-bill/2231, 2019 – 05 – 22 accessed.

② 参见周汉华:《论平台经济反垄断与监管的二元分治》,载《中国法学》2023年第1期。

游滥用行为不相适应，认为现有的反垄断措施并未实现保护消费者利益的目标，仅仅保护了大型平台企业家的利益，更未保护其他企业的利益，效率标准不利于对反竞争行为的限制。[①]

(四)数字金融业反垄断协同治理的基本思路

重申并归纳美国数字金融业反垄断协同治理的思路，主要体现为以下 4 个方面。首先，承认金融行业的特殊性，采用反垄断监管与金融监管双重管辖共同执法的治理模式。其次，提倡金融行业监管与反垄断法监管协同，形成相对固定的协同规则，部门协同交流顺畅，协作融洽，形成各方默契遵守的信息共享制度，以联席会议、咨询等多种方式实现监管机构的协作与融合。再次，遵循信息透明度原则，及时公示双方协同的安排与实施反垄断监管的结果，践行机构牵制与相互监督的协同理念。最后，不设专门的监管协调机构，主要通过制定法律法规、签署备忘录、事前沟通交流协调的方式化解冲突，在反复试错中逐渐完善协同机制。

三、比较与启示

欧盟与美国围绕数据、技术和平台生态三要素，在对超大型平台垄断开展治理的过程中形成了较为丰富的实践经验，两者相较既有相同之处又存在较大差异。

---

① See Marshall Steinbaum, Maurice E. Stucke, *The Effective Competition Standard*, 87(2) The University of Chicago Law Review 595(2020).

（一）共性揭示

面对数字金融垄断行为呈现出的数据、技术与平台生态的新特点，欧盟与美国均调整了其反垄断战略，两者对数字金融垄断行为的监管在数据、技术、平台 3 个方面体现出高度一致的治理共性。

一是重视对数据垄断风险的治理，通过建立数字监管局、颁布数字立法、引入行业协会、专家制度等方式实现对数据风险的治理。欧盟与美国两种模式均主张数据的开放与共享。其一，均认可数据的移植性和免费开放性。为此，欧盟提出制定有效监管框架，促进竞争平台的数据共享。其二，均认可平台互操作性与数据可移植性，坚持数据开放性，禁止使用非公开数据。其三，坚持信息透明度原则，要求平台公开对平台内应用软件的评级标准和评级排名信息。其四，要求平台说明其数据分析使用的数据来源已经是否经由用户同意。

二是重视对技术的反垄断治理。欧盟与美国两种模式均反对技术垄断，认为技术不能成为实施垄断的理由，包括对自我优待行为和算法的反垄断治理。为了避免利用技术手段的自我优待行为，欧美提出公平和非歧视原则，打击平台的“二选一”垄断行为，禁止平台自我优待，提倡技术互操作性，禁止捆绑服务，要求平台不得强迫用户注册平台账户，不得强迫平台企业绑定平台自己研发的身份识别系统与登录系统。在算法方面，算法是数据分析领域的一组用以被执行并完成某项任务操作步骤，是一种对大量数据进行处理和分析的技术手段。欧美均认可算法促成显性合谋的垄断,将显性算法合谋纳入传统反垄断法规则的修订中。在监管层面,关注能够在经济学模型和实验研究中观测到的默契算法合谋,尤其是自主类算法合谋,承认其在现实中可能已经存在,通过与数字部门的合作寻找研究例证或确凿证据。

三是加强平台反垄断协同治理建设。两者均认可数字寡头格局平台对市场集中度的影响,对数字平台跨界金融行业加强市场监测,明确平台议价和准入限制。强调对兼并交易的审查。对于大型平台金融领域对反垄断法律的执行和遵守情况开展反垄断监测。组建独立的外部专家团队协同商议反垄断法的制度修订。定期收集企业兼并交易的数据。加强与地方机构合作协同,分析细分市场领域的商业集中度,市场竞争情况,预测反竞争行为的概率。

两者均承认平台"市场—企业"的双重属性,加强平台在数据、算法、平台优待的自查自治,提倡发挥平台的自我治理功能。面对新公共管理理论在解决公共问题方面能力的日渐式微,引入新治理理论,以协同治理模式消解部门之间权威割裂、责任模糊、信任危机甚至公共利益冲突带来的"空洞化国家"疑虑,倡导公共利益相关者共同参与、协作共赢,提供公私合作与多元利益相关者参与公共事务治理的治理理念。①

(二)差异比较

经梳理发现,美国多年来形成了以市场为基础的金融体系,欧盟则形成了以银行为基础的金融体系,两者在政治经济条件、

① 参见闫亭豫:《国外协同治理研究及对我国的启示》,载《江西社会科学》2015年第7期。

金融发展阶段上存在差异,形成监管框架、监管理念和思路上的不同,在反垄断的定位与执法协同实践上也存在较大差异。

1. 反垄断目标选择的差异

两者的差异体现为两者在反垄断首要实现的目标选择上的不同。在公平竞争与经济效率这两个竞争法共同维护的价值目标的博弈上,欧盟将公平竞争作为最优选择,美国则将经济效率放在首要位置。欧洲反垄断制度强调公平竞争,采用较为严格的执法标准,贯彻竞争政策优先于其他政策的理念,在各项政策目标出现冲突时,竞争政策处于优先适用的地位。欧盟严格限制垄断行为,防范资本的无序扩张。由于数字平台市场的垄断行为具有损害结果难以补救的特点,欧盟通过预防性措施防范垄断对竞争的损害结果。美国重塑现有反垄断相关法律的初衷和目标,将创新融入反垄断决策中,其反垄断监管理念同样注重公平,但美国对公平理念的贯彻以效率为前提,当效率与公平发生冲突时遵循效率优先原则。对此,新布兰奇学派对宽松监管方式对公平的损害以及由此产生的金融风险表示反对,呼吁新的更有效的监管手段,主张扩大现有反垄断法的保护目标和对象,将反垄断检验标准从消费者福利扩大至生产者、企业家、独立企业等相关方利益,不仅应保护消费者,还应保护公开市场、公平经济等。

2. 反垄断执法权分配模式的差异

两者的差异体现为反垄断执法权分配模式的差异。欧盟希望建立一体化的统一市场,其反垄断执法权分配模式属于一元化的行政执法模式,由欧盟委员会负责统一的反垄断执法,享有决定、调查、处罚、撤销豁免等多项权力,拥有实际的反垄断立法、执法和司法权能，总揽金融业反垄断事宜，金融行业反垄断由欧盟委员会统筹。欧盟委员会在执法中负责协调调动各个机构，通过行政裁决的方式确认垄断行为。美国的反垄断执法权分配模式属于二元制，执法权由司法部反托拉斯局与联邦贸易委员会分别享有，在两者出现执法权冲突需要内部协同时，两者根据先前签署的备忘录通过事前相互通知获得对方认可的方式协调案件管辖。通过提起诉讼的方式由法院对冲突进行裁判。

3. 监管机构协同关系的差异

两者在反垄断执法机构与金融监管机构之间的协同关系有显著差异。欧盟与美国在金融反垄断监管中，因行政机构权力设置与执法模式的不同，机构间的协同关系也有很大差异。首先，两者对数字金融市场实施竞争监管的时间与机理不同。欧盟的数字金融平台企业属于新兴企业，形成并兴盛于近二十多年，此前并未设置数字金融平台反垄断机制，对传统金融行业的监管由欧盟委员会统筹负责，在严格的反垄断监管下，欧盟成员国的金融需求供给不平衡，萌生出新兴数字金融平台，因此欧盟出台了新的监管方式监管头部金融科技企业的垄断，也为成员国营造了公平竞争的环境，避免市场受到挤压。美国多年来形成了以市场为基础的金融体系，反垄断执法机构与金融监管机构之间长期保持协同关系。作为数字平台的发源地，美国数字平台自 20 世纪 90 年代发展至今已有 30 余年的历史，美国采用其较为成熟的反垄断执法模式对数字金融平台的垄断行为实施双重管辖。

其次，源于两者历史、经济、法律体制的差异，欧美在执法模式上、监管机构之间的关系上也存在较大差异。欧盟的行政执法模式为高度一体化的模式。传统金融业反垄断监管由欧盟委员会统筹,并未设置协同监管机制。欧盟的数字金融市场为新兴市场领域,此前缺乏对该市场的专门监管,在此次改革浪潮中欧盟及时调整了机构设置,设置了协同治理机制。欧盟层面的数字金融平台反垄断的协调机制刚建立,还需要时间检验与实践验证。

美国对数字金融平台反垄断监管属于双重管辖模式,由美国金融监管机构与司法部共同对数字金融平台垄断实施监管,司法部反托拉斯局与金融监管机构之间也形成了较为清晰的协同思路。在此次反垄断革新浪潮中,美国积极推进金融业双管辖机构(司法部反托拉斯局与金融监管机构)与其他部门之间的协同关系。因此,笔者将美国这种数字金融平台反垄断协同治理机构之间的关系归纳为横向协同关系。美国数字金融企业诞生于市场,大型金融企业均为私营企业,金融监管与反垄断监管之间形成了相对稳定与成熟的协同方式。司法部反托拉斯局内设有专门负责金融反垄断的部门,在保险、银行和证券三个板块与金融监管主体之间进行协同。

4. 事前监管态度的差异

欧盟与美国对数字金融平台的监管持不同的监管态度,欧盟对数字金融平台采取事前监管,美国则侧重维持现有事中、事后监管的反垄断措施。

第一,欧盟主张对数字金融平台的垄断行为实施严格监管,不仅在法案中引入事前监管规则,对数字金融平台实施的可能引发垄断的行为规定事前申报与严格审查,还通过规定看门人制度对数字平台采取类型限制;美国反垄断执法机构对数字金融平台的监管态度相对宽松，从鼓励创新的宽松放任到对平台日益扩张的势力进行一定程度的限制，根据企业可能涉嫌垄断的行为是否对创新造成严重影响决定是否对其行为采取措施。设立于美国国会下的反垄断现代化委员会在2007年的态度是对金融科技企业的创新没有修改反垄断法的必要，美国政府对反垄断法政策目标的态度也从保护消费者、促进市场有效竞争调整为强调保护创新。自21世纪10年代以来，美国以新布兰代斯学派为代表的学者对大型平台行为的抨击日益激烈，反对其损害消费者、工人与社会福利的行为，提出有效竞争标准，并提交了一系列对大型平台行为具有限制性约束的议案，但美国理论界与实务界对于平台治理的限度仍有争议。

第二，欧盟对企业合并实施严格限制，对市场垄断的量化指标认定比美国更为严格。基于欧盟的强监管政策，欧洲大型数字金融企业出现的反垄断案件数量有限，对垄断性平台采用定量标准，对数字巨头垄断行为的处罚力度大，监管严格。欧盟针对谷歌集团公司、脸书平台等数字金融巨头均开出了大额反垄断罚单。相较而言，美国采取更为柔性的监管方式，其监管理念历经由宽松到收紧的监管思路，对垄断行为采用定性标准。美国在三轮反垄断浪潮下分别有制造业巨头、科技巨头和数字经济巨头的崛起。三次反垄断浪潮开展前期的共性在于，企业在发展初期未遭遇严格限制，效率迅速提高，迅速发展壮大；企业在发展壮大后期利用优势垄断生产要素影响竞争，从而损害了竞争的公平性，阻碍了社会创新，降低了行业效率，影响了社会总福利的增加。由是，美国采取了收紧的监管思路制定相对灵活的监管措施，监管者可以在效率与公平的阶段性目标间相机抉择。

第三,欧盟关注巨头对主营业务的垄断,监管工具主要为罚款。美国关注金融巨头跨界发展带来的风险,注重结构性拆分与业务拆分。美国进行结构性拆分的目的在于通过将大企业拆分成小业务,鼓励小型业务的进一步发展,保护市场其他小型企业的创新,以带动新一波创新发展。

上述4个方面观念的不同促成欧盟与美国对数字看门人政策制定的不同选择。

(三)路径启示

在反垄断执法模式的选择上,欧盟采取较为严格的措施能够起到遏制科技巨头无序扩张的作用,美国较为宽松的措施塑造了大量的科技巨头,但也造成竞争减弱、消费者与工人利益受损的客观结果,并引发以反垄断势力为代表的新布兰奇学派对芝加哥学派的学术抨击。结合中国数字金融平台市场力量的发展情况进行综合化判断,有如下方面启示以资共攘。

一是及时颁布与更新反垄断法律规则、制定反垄断指南,加强反垄断治理中软法与硬法之间法律制度的协同关系,补强现有的反垄断法律制度体系。以欧盟与美国为代表的两种执法模式均通过制定金融业反垄断执法、金融衍生品交易等指南的方式,根据实践及时更新已有指南,以便明确经营者预期,更好地指导执法实践。建议增加违法责任的有关条款,提高违法责任的处罚后果,增加违反《反垄断法》刑事责任的条款,提高反垄断执法的威慑力。

二是优化金融行业反垄断协同机制，拓展多元协同治理主体，增强反垄断执法的覆盖面，提升数字金融反垄断执法效果。为此，欧美的共同做法是建立外部专家咨询机制，在重大、复杂的反垄断案件中，尤其是专业性较强的金融反垄断案中通过外部专家机制补充执法队伍力量，提升执法能力。欧委会建立了反垄断执法专家咨询制度，[①]在作出重要处罚决定之前会与“咨询委员会”协商。此后，欧委会建立了首席经济师团队专家咨询制度，进一步加强反垄断协同治理机制建设。此外，欧美建立了跨部门的反垄断监管合作机制，通过签署备忘录的形式强化持续性协同合作，为了达到减少执法冲突、降低行政执法成本、提高数字行业反垄断执法效果的目的还进一步组建执法调查协调工作小组，建立健全反垄断协同机制。

三是加大对数字金融平台垄断行为高发区域的反垄断执法力度，加大对具有竞争关系的金融机构的合并审查力度，加强对实现申报的宣传力度，加快对疑似垄断平台企业的反垄断执法介入速度，及时排除制止具有限制竞争效果，及时作出是否禁止经营者集中的判断，及时作出是否禁止附条件集中的决定。加大金融监管机构的审查力度，加强对银行间同业拆借利率的监管查处，对金融信息和服务接入、标准设定方面的限制行为及时介入，对影响金融产品与金融服务互联互通的行为加强监管，主动引导，以防范为主，努力维护金融市场的公平竞争秩序。

四是事前监管的范式选择方面，各国反垄断机构、政策制定

① 参见安辉：《参加竞争规则与金融业反垄断研讨会的报告》，载《中国价格监管与反垄断》2016 年第 8 期。

者和学者普遍建议采用建立事前监管框架补充反垄断规则，解决数字环境中的竞争问题，但在方式上有所不同。建议采用建立事前监管的原因在于，仅仅依靠事后的反垄断执法不仅效率低下，而且还会因为反垄断调查为期过长而影响数字金融的创新，不适应数字市场快速变化的动态特征。此外，长期的反垄断调查结束后，事后执法可能成为“迟到的正义”，且无法保持市场的竞争力和可竞争性。另外，原有反垄断工具不具备处理相关破坏性商业模式的能力，大数据带来的竞争问题无法通过适用于所有行业的规则得到充分解决。欧盟在对比数字平台反垄断调查的执法效果后，对数字企业选择采用数字看门人制度，意在通过节约监控成本获得实施惩罚的成本集约优势，提高监管效率和效果。方式的不同体现在欧盟通过直接立法规定大型数字平台的事前监管规则，对平台监管更为严格。美国通过规定禁止某些特定行为进行监管，采用一事一议的方式对行为的效果进行评估。

另外，事前监管的选择更有利于维护市场的统一与稳定。欧美反垄断历程和理念的区别和差异很大程度上源自经济发展模式与政策理念的分化。欧盟更加注重市场稳定，注重保护企业平稳顺利发展，注重维护各成员国国内的经济金融稳定，形成统一的大市场。欧洲强调公平竞争，反垄断监管力度大且严格，因此本土数字金融平台较难通过市场化方式形成垄断地位，但欧盟市场并非没有形成头部数字金融平台，欧盟严格限制垄断行为也并非不支持创新，限制垄断的目的是防范资本无序扩张。

四、我国的路径选择及理由

治理的核心在于设计和选择有效的治理工具,治理工具的选择应当服务于所需回应时代的公共问题,与具体公共政策背景和议题相匹配。从政府与市场的关系出发,结合我国政治体制与反垄断机制,笔者认为,我国数字金融平台反垄断协同治理的路径选择应当是:第一,坚持反垄断执法模式中的一元式的行政执法模式;第二,坚持各司其职与协同共治理念,积极探索、尽快制定各类协同机制方案,不断完善协同方式,主动提升反垄断治理能力;第三,坚持将维护公平竞争市场环境的反垄断目标和维护金融稳定的金融监管目标放在首位,在满足首位目标的基础上实现保护创新等其他多元化目标,结合我国数字金融平台的发展现状,积极探索适合我国数字金融反垄断的协同治理路径;第四,引入事前监管完善看门人制度。

第一,坚持反垄断执法模式中的一元式的行政执法模式。理由主要基于以下4个方面:一是基于我国行政管制的现实有效性和强地位。政府管制的基本原则在于打破垄断,促进竞争。我国行政管制的基本目标是维护社会公共利益,目的是弥补市场失灵,公共利益最大化是政府管制合法性的来源。[①] 社会利益多元化的背景要求政府推进公共服务型政府建设。行政协同的治理模式与我国反垄断体制改革后的机构设置具有较好的一致性,应当在平台反垄断的基本框架下,进一步统合反垄断执法与金融监

① 参见方栓喜、何冬妮:《建立政府管制有效性的市场基础》,载《光明日报》2007年7月10日,第3版。

管，由分散监管向协同治理转变，应当注重治理的边界，统筹设计安排。二是基于行政协同更加有效，避免司法烦琐的程序。跨部门的行政执法协同能够实现执法协同的“最大公约数”，行政部门之间具有相同的执法流程、执法程序、相似的自由裁量理念、证据互认标准与责任承担规则，有助于实现高效的协同合作，有助于建立一致的协同配合机制，有助于发挥各自的优势，提升行政执法的效能。司法程序烦琐、处罚结果滞后，救济效果有限。三是行政协同更加具有主动性，避免司法的被动性。行政协同面对社会矛盾与垄断破坏具有鲜明的倾向性，在运行时具有主动性，垄断行为的破坏性持久且难以恢复，在察觉垄断行为后由行政协同及时介入调查，能够最大限度地保护市场秩序与市场竞争的公平性与完整度，将遭遇的损害程度降至最低。司法模式则具有被动性，程序化特征较强，更注重权力过程的形式性。行政协同更注重反垄断效果的实质性，寻求权利人利益的及时发现与维护，不以垄断行为造成行为人利益受损为介入前提，将行为造成竞争环境的破坏作为介入要素。四是基于行政执法模式协同治理工具的多样性，避免司法裁判手段的单一性。我国主要治理工具有法律政策和制度类治理工具、行政执法类治理工具、综合类治理工具，其中，行政执法类工具也即政府治理工具，是指各种主体尤其是政府，为了实现和满足公共需求、治理公共问题所采取的一种制度安排，具体体现为组织工具、管制工具、经济工具与信息工具，行政执法模式对不同治理工具的综合运用更有利于回应不同类型的治理问题。司法裁判的手段则过于单一。

第二，我国应当坚持各司其职与协同共治理念，在算法治理、数据治理方面汲取两种模式的共同反垄断执法经验。原因在于：首先，美国金融市场发展历程与协同治理模式的采用已有历史，在实施中不断改良，协同治理的优势在于试错成本更低，协同效率更高。其次，我国数字金融平台的产生与发展的历程和阶段与美国类似，从外部协同治理方式上美国做法具有参考性。

第三，坚持将维护公平竞争市场环境的反垄断目标和维护金融稳定的金融监管目标放在首位，在满足首位目标的基础上实现保护创新、防范风险等其他多元化目标。公平竞争的市场环境和维护金融稳定的二元目标两者并不冲突，反垄断本身就有定分止争的作用，金融反垄断由于具有金融与市场竞争的双重性，将两个目标放在首要位置自不待言。然第二层次的目标实现存在冲突可能，如促进创新与防范风险的二元目标。例如，欧盟注重公平发展与市场稳定，美国相对欧洲更追求经济效率和金融创新，导致产业巨头不断出现，此时可以重复采用对第一层根本目标的价值判断，将是否影响金融稳定或是否影响公平竞争的市场形成作为标准，若创新损害金融稳定与市场稳定则优先适用其他标准。

第四，引入看门人的事前监管规则。平台权力扩张与平台责任扩张呈正相关关系，平台权力扩张，责任却未见增加；相反，平台失序现象严重。反垄断监管面对互联网平台明显勉为其难，面对叠加金融风险和垄断传导的互联网金融平台捉襟见肘，为大型数字平台设置看门人责任以实现反垄断目标成为讨论的重点。笔者建议引入看门人事前监管规则并非套用欧盟做法颁布数字看门人的法律文本，而是可以通过规则设置、机制设置等方式，将对具有优势地位的平台纳入约束范围,切实发挥其对于数据、算法垄断的预防职能,发挥其对自我优待行为的自律职能。

一些学者赞同事前监管,[①]主张尽快确立事前监管的基本框架,运用事前监管和事后反垄断规制的双重机制规范与发展并重地实现反垄断执法精准化和专业化。数字金融平台反垄断协同治理应当从整体利益出发,采取合作制监管架构。与之相反,有学者提出事前监管可能增加“假阳性”的错误概率及其社会成本的担忧,将合理的商业行为判定为违法,导致威慑过度,从而减损平台创新和投资动力。故引入事前监管须以赋予我国金融市场环境下充分理据分析为基础,并应进一步明确执法主体与执法协同方式,因应事前监管框架可能引起的监管机构执法权重叠的问题。

制定事前监管的选择主要基于两个方面,一是事前监管能够弥补事后监管的时滞性对数字金融市场救济之不足。以谦抑性为基本立场的事后反垄断执法难以及时纠正动态竞争中的市场失灵,数字市场存在高而持续的市场进入壁垒,平台通过技术规模效应获得极端规模的收益率后,令新进入者短期内难以与其有效竞争,垄断行为一旦实施对市场竞争秩序的破坏性极强,对市场造成的影响将难以修补,在技术创新驱动下产品更迭换代迅速,中小型数字企业可能因此失去创业机会而归于消亡。反垄断法事后监管的时滞性显著,调查时间长,处罚方式较为单一,以行

① 参见张浩然:《事后反垄断与事前管制——数字市场竞争治理的范式选择》,载《中国社会科学院大学学报》2021年第8期;王先林:《数字平台反垄断的国际观察与国内思考》,载《中国社会科学院大学学报》2022年第5期;李希梁:《反垄断监管与事前监管——互联网平台监管模式的二元建构》,载《交大法学》2023年第2期。

政处罚为主,无法应对数字市场更迭迅速的市场特性,无法实现对中小型创新企业的利益维护与权利救济,最终有损创新之反垄断法目标的实现。数字看门人制度作为一种事前防范策略,具有事前预防功能与事中管理功能,能够弥补前述之功能不足。

二是事前监管与我国新兴金融市场发展程度相匹配。我国在传统金融行业一直实行严格的宏观审慎监管,金融机构运行规范程度较高,垄断行为很难实施,在市场准入方面逐渐放宽,以证券行业为例,我国证券发行制度由 1999 年 7 月起由两级审批、额度控制和行政干预的发行定价为核心的审批制转为核准制,至 2023 年 2 月制度变迁全面推行股票发行注册制,在股票和债券发行交易的制度改革中逐渐形成以充分信息披露为核心,减少证券监管机构对发行人资质的实质性审核和价值判断的干预,加强事中、事后监管的监管理念。注册制的实施也标志着我国业已建立成熟的金融市场,形成规范化的证券金融市场体系。与之形成鲜明对比的是数字金融平台市场的失序发展与监管缺失造成垄断现象频发,新兴金融市场风险不断推高,故而,采用平台分级分类制度,设立主体责任制度,对平台准入与平台行为实施监管,建立事前监管机制,是反垄断监管与金融监管事中、事后监管均存在不足与缺失的客观条件下的理性选择。将数字金融行业纳入规范监管、审慎监管的反垄断治理体系,在当前环境下具有重要意义。

五、小结

各国反垄断法执行机构体系的立法模式可以区分为两类:一类是以欧洲竞争法为代表的一元执法模式;另一类是以美国为代

表的二元执法模式。美英和欧盟分别凭借其大数据国家战略和雄厚的技术优势、前瞻性理念和灵活的监管制度，在形成数字金融创新的特色与比较优势的同时，率先展开一系列反垄断治理的制度设计与安排，并逐渐形成了差异化的治理方式。美国和欧盟的数字金融平台反垄断治理在前期发展中体现出共同特点，后期治理政策的差异性逐渐呈现，分别形成了差异化的治理思路。在这种思路下，世界各国监管机构对数字金融平台的监管力度与监管规则大相径庭，总体呈现出发达国家实施较为严厉的监管，其他国家实施较为宽松的监管特征，发达国家在数字金融行业反垄断治理中又呈现出不同的治理思路。世界两大主要反垄断辖区在数字平台反垄断立法上的积极实践为我国构建数字金融平台反垄断政策制定与协同治理方式提供了有益参考。中国同样属于走在数字金融创新前列的国家，凭借市场规模优势与后发创新优势取得了数字金融的跨越式发展。在设立专门机构负责反垄断执法的思路上各国的做法基本一致，在机构设置体制上则有各自的特点。

本章通过对比研究，对于我国如何开展数字金融平台协同治理的路径进行了理论研判，提出我国数字金融平台反垄断协同治理的路径选择建议。我国应坚持反垄断执法模式中的一元式的行政执法模式；坚持各司其职与协同共治理念，积极探索、尽快制定各类协同机制方案，不断完善协同方式，主动提升反垄断治理能力；坚持将维护公平竞争市场环境的反垄断目标和维护金融稳定的金融监管目标放在首位，在满足首位目标的基础上实现保护创新等其他多元化目标；引入事前监管构建看门人制度实现平台参与的协同治理。

第五章 数字金融平台反垄断协同治理的机制构建研究

前述对我国数字金融平台反垄断治理模式的路径选择予以了探析，指出我们应当构建以行政执法为主、多元主体协同的协同治理模式，这样一种模式是对我国既有的治理模式的重大改革，因此需要相关机制的重构和完善。笔者根据爱莫森协同治理统一模型中协同治理机制构建的结构框架，认为可以从如下几个方面开展对我国数字金融平台协同治理机制的建构和完善。

一、主体保障：构建数字金融平台反垄断治理的主体协同机制

数字金融平台反垄断治理的主体协同机制构建需要确立参与实施的多元主体，建立协同治理的协调与利益平衡机制，其目的在于确保多元治理主体的实质参与、共同行动和高效协同。

(一)数字金融平台反垄断多元治理主体的合理选择

主体协同是实现协同共治的关键。要明确政府、企业、社会等主体各自在数字经济治理中的角色分工,充分发挥政府的主导作用、企业的自治作用和社会的共治作用。

笔者认为,数字金融平台反垄断需要政府、市场主体、地方组织的多元主体协同参与治理。多元主体参与协同治理具有必要性与合理性,主要体现为4个方面的因素:一是政府介入数字金融市场反垄断监管的必要性,监管机构应当坚持对数字金融平台垄断行为的监管执法权;二是基于数字金融平台公共属性的必然需求;三是对于平台垄断行为集中呈现出的算法、数据、平台双边效应的特性,各国均呈现出采用政府、社会、企业多主体协同方式予以治理的趋势;四是治理工具多样性,这4个维度的共同作用构成了对数字金融平台反垄断治理多元协同治理的选择动因。

首先,政府介入数字政府金融市场反垄断具有必要性,数字金融平台反垄断不能脱离政府治理。从宏观层面上看,金融体系的外部性效应为政府介入数字金融市场反垄断治理提供了必要性基础,政府在金融体系运行过程中具有特殊的重要作用。市场失灵理论(Market Failure Thoery)指出,一个理想化的价格市场机构体系未能维持理想的行为或禁止不理想的行为被称为市场失灵,自由的市场模式并非要求政府放弃市场干预,而是隐于市场秩序之后,如果市场失灵持续存在或者存在市场缺失,则需要政府采取纠正行动,对是否存在有效市场进行评估后通过治理工具如竞争法或监管工具予以调整。市场力量导致的垄断出现也可能导致市场失灵，对这种功能失调的市场的概念更为中性的表述是“市场缺陷”（market defects）。[①] 金融体系的效率性和稳定性作为具有强大负外部性的公共商品，[②]良好的金融基础设施和相应的制度性框架是其基础，金融市场的垄断行为是破坏金融体系效率性与稳定性的因素之一，会通过溢出效应影响实体经济，同样具有巨大的外部性，对这种公共产品的治理必须由代表社会利益最大化的政府部门予以提供。

由于金融体系运行的复杂性与金融产品对资本市场影响的严重性，垄断行为作用于金融市场的结果将会产生持续而长期的影响，并且很难通过社会自律、市场激励等协同治理工具矫正与修复，因此，政府在金融市场反垄断治理中始终处于参与者地位，负责反垄断监管制度的制定与机制的实施，具有介入数字金融市场反垄断的必要性。

其次，数字金融平台的公共属性与混业经营现状需要平台参与协同治理。数字金融平台的公共属性与平台地位中心化引发的平台生态的闭环要求平台参与风险治理。其一，数字金融平台作为金融基础设施的一部分具有公共属性，平台在公权力与私权利并存的情况下拥有一定的话语权，数字金融企业基于平台这一虚拟空间对平台内经营者享有一定的治理权。其二，数字金融平台混业经营现状形成了平台业务链的生态闭环，传统金融监管机

---

① Breyer, Stephen G., *Antitrust, Deregulation and the Newly Liberated Marketplace*, 75 California Law Review 1005(1987).

② 参见马勇、陈雨露：《金融发展中的政府与市场关系："国家禀赋"与有效边界》，载《财贸经济》2014 年第 3 期。

构的按业务设置的特点无法适应现有混业经营的平台金融模式，即使采用功能监管与穿透性监管也无法渗透数字金融平台的各个节点，传统金融机构甚至无法覆盖数字金融平台各个业务类型的监管，监管不足与监管难覆盖导致监管针对性与有效性下降。鉴于此，需科学设置治理机制，为平台参与社会治理设计科学的治理制度。

再次，协同治理是现代化治理手段的基本要求。数字时代，数字金融平台垄断行为具有的算法、数据、技术的特性要求通过多元协同治理配置相适应的治理手段。面对数字金融业态主体多元、技术专业化、风险多重叠加等新特性，应该通过多元主体的协同，发挥各方主体的优势，整合社会综合力量，加快数字金融反垄断治理体系建设，提升反垄断监管水平和整个行业的治理水平，以应对数字化时代背景下的金融垄断风险的新挑战。

最后，平台声誉机制的缺失要求多元主体参与监督协同。平台作为治理主体拥有一定的权力，则需要监督者实施监督，将权力关在制度的笼子里，防止权力滥用。这就需要行业协会等自律组织参与协同治理，通过增量治理规则形成协同治理机制的整体性设计，弥补存量治理规则的不足，加强治理规则、治理标准的制定，加快监管规定、行业标准、自律规则的制定，建设多层次的协同治理规则体系，实现治理规则的有效供给。

（二）建构多元主体协同机制

构建多元主体协同机制，从治理主体的类型与相互关系出发，划分管辖范围，明确治理边界。

1. 坚持国务院对执法权冲突化解的领导地位

坚持国务院对执法权冲突化解的领导作用，这是对协同治理模式、理论的重要补充，是我国话语体系下反垄断协同治理机制的重要保障。在出现执法权冲突时，国务院是协同治理中冲突化解的重要力量。因此，应坚持国务院对金融反垄断执法权冲突无法调和时协调冲突化解矛盾的领导地位，并将其作为统一执法、协同治理的根本保障。

2. 政府在数字金融平台反垄断治理中不可缺位

多元协同治理模式本身强调多主体协同共治，但又存在治理中的主权概念被弱化的担忧，数字金融平台的反垄断治理中，政府、平台、个人、其他组织等多元主体在协同治理的过程中按照各自的职能发挥治理作用，政府可以适当放权但不可缺位，原因在于，金融市场本身是一个高风险的市场，并且应当在当前我国金融市场治理中保持较高的介入程度。虽然我国 2023 年 2 月在证券市场全面实施注册制表明我国已经形成一个成熟稳定的金融市场环境，但是并不能说明新兴金融市场领域也是成熟稳定的，正相反，当前数字金融平台失序引发的负外部性问题受到监管层、学术界和实务界的共同关注。总体看来，现有新兴金融市场环境并不具备去主权中心化治理的条件，退一步讲，一个完全成熟的、各项法律均十分完备的市场仅仅存在于理想层面，因此，政府在数字金融平台反垄断治理中不可缺位。

3. 构建反垄断执法机构与金融监管机构的主体协同机制

从金融监管与反垄断规制的关系上看，二者均属于广义的市场规制工具的范畴，具有耦合互补的关系，两者均要为创新的目标创造条件。[①] 金融科技及互联网平台企业的产融结合快速创新发展呈现的新特点总体上要求监管应坚持竞争政策优先。反垄断监管与金融监管在数字金融平台反垄断执法中呈现出协调一致的互补关系。根据反垄断与金融监管二元关系的互补理论,两者均是弥补市场失灵的工具,目的在于降低市场失灵对经济体带来的危害,因此,二者在数字金融平台反垄断执法的关系上体现为一致性或互补性。金融行业的竞争监管意在消除限制竞争行为,防止滥用市场经济地位的行为发生,保障金融业的健康发展,金融监管则是通过规范金融机构的市场行为和市场结构实现金融业的可持续发展,二者具有协调一致性。

经济合作与发展组织根据竞争执法机构与行业监管机构作用于金融机构的关系,确定了反垄断执法权分配的三种方案供其成员国选择。第一种方案为单一适用方案,该方案又包括两种类型,第一种类型将行业规制机构作为竞争法的实施者;第二种类型将竞争执法机构作为经济监管机构。第二种方案是特定行业适用除外,无须确立反垄断监管机构。第三种方案是并行适用方案。此方案中,第一种类型是在并行适用管辖下,由竞争执法机构实施竞争法,行业监管机构实施行业监管法;第二种类型是在并行适用的管辖方式下,由竞争执法机构与行业监管机构共同适用竞争法,行业监管机构还要实施行业监管法。[②] 按照我国现行

① 2015 年 3 月 13 日,《中共中央 国务院关于深化体制机制改革加快实施创新驱动发展战略的若干意见》指出,要营造激励创新的公平竞争环境,发挥市场竞争激励创新的根本性作用,强化竞争政策和产业政策对创新的引导,增强市场主体创新动力。

② See OECD, Relationship between Regulators and Competition Authorities, 24 Jun. ,1999.

法律规定,我国反垄断执法权分配与前述第三种方案较为类似,即并行适用方案,这种方案有助于发挥金融监管机构与反垄断执法机构各自的优势。在并行适用模式中对于监管机构关系的类型选择上,笔者认为我国采用的是授权式的并行适用方式,这种方式既不同于第一种类型也不同于第二种类型,而是在并行适用管辖下,竞争执法机构实施反垄断法,行业监管机构实施行业监管法,经授权的行业监管机构还要在一定范围内实施竞争法。但如前文所述,行业准入范畴的执法权冲突并行存在,因此构建反垄断执法部门与金融监管部门的协同机制,亟须从厘清执法权边界与共同权力范围下冲突解决之协同机制构建两个方面并举,建立执法主体的协同机制,协同解决管辖权冲突。

我国强化反垄断监管应在国务院的统一领导下,强化国家反垄断总局与金融监管总局的协同合作,构建数字经济平台领域的协同监管机制。具体而言,是要构建国务院金融稳定发展委员会与国务院反垄断委员会的议事协调机制,形成协同机制与沟通交流机制。将中国人民银行对金融控股公司等金融集团的日常监管职责、金融消费者保护职责和中国证券监督管理委员会的投资者保护职责划入2023年3月7日新组建的国家金融监督管理监督总局,作为国家级参与反垄断执法机构的合作协调。应急性运动式的金融平台监管模式难以匹配金融平台的监管需求,①协同制度的系统性构建需进一步调整执法机构权力的配置与约束、跨部门执法的配合协作,在地方上遵循同样的协同思路建立地方金

① 参见冯煦明:《平台经济发展进入新窗口期　反垄断理论框架应与时俱进》,载《21世纪经济报道》2020年12月21日,第3版。

融监管机构与地方反垄断执法机构的协调机制，加强同级合作协同，构建数字金融平台领域一体化协同监管机制。

（三）厘清多元主体的治理边界

1. 合理划分金融监管机构与反垄断执法机构的职能边界

划分金融监管部门与反垄断监管部门各自的管辖领域，明确由反垄断执法机构担任数字金融平台反垄断监管的主要任务。由国务院采用特别授权的方式，通过明文规定的形式授予金融监管机构反垄断的专属管辖权。金融监管机构的反垄断管辖权是有限的、经授权的反垄断执法权。

明确管辖权领域既可以发挥金融行业监管机构的专业优势，又可以发挥反垄断执法机构的优势，还能够形成反垄断监管对金融监管机构的行政性垄断行为的规制。故此，建议尽快出台相关文件，明确可授权的领域，明确管辖权划分的基本原则。笔者尝试设计管辖权划分的基本思路，设计适用领域与适用原则，具体如下。

金融监管机构与反垄断执法机构管辖权划分的基本原则是，可以通过限定行业监管机构管辖权的方式，划分反垄断执法机构与金融监管机构的管辖领域。金融监管机构专属管辖权取得的方式应是个案授权，可以采用单行条例的方式授予，避免授权过度。反垄断授权的事项应当与时俱进、相应调整，不符合客观情况的授权应当及时废止。金融监管机构经授权的事项应当随金融行业竞争程度的提高而减少。在行业监管者容易被金融企业俘获的领域进行管辖权保留，由竞争监管机构实施，不得再进行专门授权。

金融监管机构与反垄断机构管辖权适用领域与适用原则是，可以授权金融监管机构反垄断监管执法权的领域可以明确分为五类：一是确需金融专业行业知识作出反垄断决定的竞争事项领域；二是事前监管的准入监管领域；三是经营者集中申报的反垄断审查领域；四是适用公平竞争审查的领域；五是国务院认为有必要授权金融监管机构的领域。

第一类领域中，建议采纳金融监管机构的决策豁免反垄断法审查的基本原则。比如在数字金融平台公司治理、风险隔离与风险计量、关联交易合理性、资本充足率领域由金融监管机构负责执法，经证监会、国家金融监督管理局批准的某些交易可以免除反垄断机构的再审查。

第二类领域中，建议采纳金融监管机构的决策不得豁免反垄断法再规制的基本原则。比如网络小贷与数字支付平台的准入管理，再如按照平台分级分类制度确立的行业准入监管应当由金融监管机构监管。具有系统重要性的大型数字金融平台企业可为其设立更高的准入标准，比如比照金融基础设施的信息安全标准对数据安全性、可迁移性和互联互通的可能实施监管。金融监管机构在进行准入管理后，若竞争监管机构认为有必要进行反垄断审查的，可以进行反垄断监管，金融监管机构应当予以最便利的协同配合。

第三类领域中，在并购案件金融反垄断规制中采用“双重审查”标准，即反垄断执法机构与金融监管机构都有执法权，有权批准和拒绝银行合并申请，至于由哪个机构实施权力则取决于产生合并效果的机构类型，但如果个案非由反垄断机构执法，则反垄断部门需要进行复审。所有的银行合并交易都需由反垄断执法机构复审。[①] 涉及经营者集中的资产或业务的剥离环节，由反垄断执法机构按照其固有执法权进行监管，如若涉及被剥离部分的市场退出，则需会同金融监管机构将这部分业务交由金融监管机构监督跟进。反垄断执法机构与金融监管机构应事先沟通，明确检查验收和向企业发放执行效果报告通知书的主体，通过较为正式的协作议案等方式将程序固定下来。

第四类领域中，由于行业监管者容易被金融企业俘获，建议采用"公平竞争审查前置 + 反垄断审查协同"的双重管辖模式，先由金融监管机构开展公平竞争审查，再由竞争执法机构对公平竞争审查的结果及政府与企业行为的实施进行反垄断审查。

金融监管机构管辖权作用于准入监管领域，大型互联网平台跨界经营金融业务应按规定自觉遵循金融业监管规则，网络支付遵循行业准入要求，网络借贷履行强制信息披露义务，按功能受到金融机构的监管。混合经营新兴金融业务的平台企业可以纳入金融控股公司的范畴进行并表监管，综合计算营业额年收，严格控制关联交易，强化资本准入、信息透明度、数据开放等监管要求。

整合不同监管部门的监管职责，信息共享，分工合作，形成监管合力，有效开展反垄断工作，同时防范系统性风险。具体操作上，反垄断监管是一般性普遍性监管，金融监管是专业性监管。

---

① See OECD, Competition and Regulation in Retail Banking, 27 OCT., (2008).

数字经济下对金融科技平台的反垄断监管应建立在行业监管的基础上,按照行业监管的基本原则开展反垄断监管。借助行政监管在反垄断上的经验与优势,把行政监管纳入行为监管框架。一方面,反垄断监管部门同地方金融监管部门合作监管;另一方面,反垄断监管与金融监管各有侧重,反垄断监管重点聚焦对互联网金融平台的反垄断监管。金融监管部门可以根据数字金融平台提供的合同文本,制定统一的合同范本,将金融监管部门的要求置入合同范本中,例如将金融机构诚信履约、保证客户的适当性和知情权的条款写入合同范本。反垄断监管机构要积极配合金融监管部门置入合同范本的监管要求,加大宣传力度,体现对虚假性宣传与诱导消费等行为进行窗口监管,从源头上掐断互联网金融平台影响公平竞争的行为蔓延。同时,利用震慑性执法,防范数字金融平台巨头的机会主义倾向,扩大平台反垄断监管的影响力。

在应对数字金融平台金融业务与经济业务嵌套、接口交叠,风险难以穿透时,要发挥金融监管机构的职能,加大对银行业金融机构主要股东、实际控制人的监管力度。根据《银行业监督管理法(修订草案征求意见稿)》的规定将银行业金融机构的主要股东、实际控制人全面纳入监管范围。

2. 明确平台自治的职能边界

平台兼具市场属性与企业属性,处于企业与市场的"中间地带",平台则是市场与企业、交易与命令之间界限并非泾渭分明的"中间地带"的产物。平台对其利益相关者控制力的强弱决定了平台属性的变化,平台对利益相关者的控制力越强,其"企业"属性就越强;反之,平台对利益相关者的控制力越弱,其“市场”属性就越强(见图 5-1)。

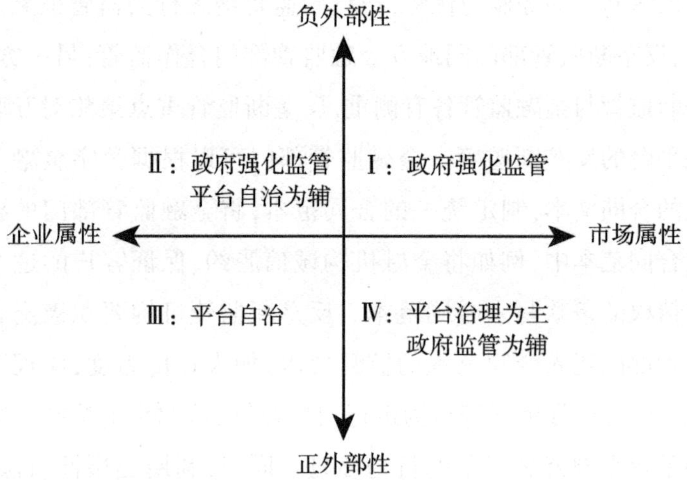

图 5-1　行政监管与平台自治的界限

平台自治的边界应以正确区分平台“权利”与“权力”边界作为职能划分的基础,防范“权利”与“权力”归属不清、权责不清与监管失效。原因在于,当平台兼具“权利”与“权力”的双重特征时,平台就兼具了双重身份、承担双重职责,平台既是平台基础设施的所有者,又是平台范围内公共事务的管理者,既要履行“对平台行使所有权并进行管理”的所有者职责,又要履行被赋权的对基于平台产生的资源配置问题的监管者职责。因此,笔者以为,平台“权利”与“权力”区分的关键在于所有权与监管者的区分。平台享有“权利”是基于平台所有权,是一种资产管理的所有者权利,平台享有“权力”是基于国家行政赋权,是一种行政管理的监管者权。正确区分平台“权利”与“权力”的法律性质,对清晰界分不同法律属性背后的权责逻辑有重要意义,正确区分所有权和监管权是平台履行职责的重要前提,是推行金融基础设施有偿使用制度的关键基础,也是维护所有者权益、界分平台与监管部门行权边界的重要切口。在平台权利—权力划分的设计原则上,可以结合以下两方面因素综合考虑。

一方面,平台在行权时,由于行使所有者权利和监管者权力的主体都是平台,要防止因为职责主体重叠、行权方式一致而出现的管理混淆,在职能实施中对所有权行使的部分可以适度授权他人实施所有权的占有、使用、收益的权能,对监管权行使部分则只能限定由平台实施,不得另行授权他人;另一方面,监管部门在对平台"权利"和"权力"行使进行监管时,要根据平台两种不同职责的行使界限区分政府介入程度,对平台"权利"的行使重在监督,对平台"权力"的实施重在监管。在具体操作上,界分平台两种不同职责,将平台基于行使所有权职能的相关事务交由平台自治,监管部门只负责事中、事后监督。将平台基于行使监管者权职能的相关事务纳入事前、事中、事后监管,重点放在事前与事中监管;可以在事前环节设置一定的审批事项,在事中环节则注重对平台行权过程的规范性指导;可以制定平台行使监督权时的汇报规则,例如采用季报的方式向监管部门定期汇报,监管部门予以过程监管,强化平台履责。

(四)型构多元治理主体的职能协同机制

明确划分管辖领域是推动主体职能协同的基本前提,明确的职能边界可以推动主体各自履责,实现宏观调控下的协同配合。

1. 推进竞争政策与大数据中心与国家数据局的职能协同

推进竞争政策与大数据中心与国家数据局的职能协同,实现执法过程中两者的直接协调接洽。组建于2023年3月的国家数据局整合了发改委、工信部的数据相关职能,负责数据要素流通使用和数据标准等的制定,负责统筹数据资源整合共享和开发利用,能够上下联动地调动地方数据资源,形成全国数据整合,使原本分散的数据标准制定权、评估权集中,将原本零散的流通与流转归口统一,从数据存储、数据库、数据处理、数据应用4个方面建立数据资源的立体式整合,化解从前地方大数据局分散治理下数据多头治理、数据流转困难的困境,有助于打通金融数据壁垒、减少金融数据孤岛、促进金融数据流通与数据共享开放。因此,建立国家反垄断局与国家数据局的执法协同机制,应以国家数据局为数据资源调动的主导,在协同机制的程序设计上由国家反垄断局竞争政策与大数据中心发出协助申请,由国家数据局调动各地数据的资源,由竞争政策与大数据中心根据反垄断执法任务重点,负责反垄断执法中的相关电子取证和固证的技术支撑,专人专职,简化烦琐的对接程序,节约执法成本、提高执法效率,形成二者联动的良好互动。

2. 构建反垄断执法机构和国家安全监督管理机构的职能协同机制

数字金融平台反垄断协同治理,还要构建配套机制,加强金融主体集中领域与国家安全审查的协同。

根据我国《反垄断法》第38条,涉及国家安全的反竞争行为,需要进行经营者集中审查与国家安全审查。2020年1月生效的

《外商投资法》采用国际通行的实践做法,设置了产业政策审查、反垄断审查与外商投资国家安全审查三种程序并行的外资审查制度,2020年年底《外商投资安全审查办法》规定了金融服务领域的安全审查制度,进一步构筑了金融产业政策、竞争政策和国家安全政策"三位一体"的外国投资管理体系,此为我国制度设计的一大进步。

2015年1月我国发布的《中华人民共和国外国投资法(草案征求意见稿)》明确将VIE"协议控制"归为"控制"的一种,明确了如果是中国投资者控制的境外企业在进行境内投资时可以豁免适用有关外国投资的规定,而由外资间接或者直接控制的境内公司投资则受限于准入制度。只要是境外投资者控制的境内实体,即便设置VIE也无法规避准入限制,但随后发布的《外商投资法》完全删除了与此相关的条款,直到《外商投资法实施条例》(征求意见稿)第35条重新引发讨论。《外商投资产业指导目录》中对关乎信息安全和国计民生的行业禁止外商进驻的规定是出于维护网络安全、电力信息安全和国家经济信息安全的需要,大量互联网企业通过VIE构架在海外上市实际上就是规避风险逃避监管,对我国金融安全、信息安全以及国家安全造成危害。大数据时代数据跨境更加容易,加强金融安全审查具有必要性。

《反垄断法》将把数据国家安全评估和金融国家安全审查提升至法律层面,纠正了以往对金融领域只有控制权发生转移时才引发国家安全危险的固有观念,承认即使控制权不发生转移,仅有股权变动的事实也会引致经营者集中的垄断风险,尤其确认了通过基金持股变化引起的控制权转移也是如此,体现出国家对反垄断监管也采用揭开公司面纱式的穿透式监管思路,肯定数据监管在反垄断监管中的重要性,明确数据安全风险对国家金融安全的影响。

历史上,反垄断审查与国家安全审查因在适用范围与执行机构上的历史性粘连曾因审查手段混同而引发质疑,如在 2008 年 9 月美国可口可乐公司提出以每股 12. 2 港元、总计近 180 亿港元全面收购汇源果汁公司一案中,商务部对可口可乐公司合并汇源果汁挤压国内中小型果汁企业生存空间的潜在影响的重点强调,于 2009 年 3 月 18 日根据 2008 年实施的《反垄断法》第 28 条和第 29 条认定该经营者集中具有排除、限制竞争的效果,合并行为将对中国果汁饮料市场有效竞争和果汁产业健康发展产生不利影响,并依法要求美国可口可乐公司提出可行的减少不利影响的解决方案,因可口可乐方未提出对应方案,该项经营者集中行为被商务部禁止。有论者因此质疑,商务部否决该项并购是出于贸易保护考虑,混同了国家安全审查与经营者集中的反垄断审查,混用了规制工具。实际运行中需厘清外资的反垄断审查和国家安全审查两者的关系。

国家安全审查是指针对可能对国家安全产生影响的特定事项和活动,由国家相关部门进行的一系列评估和审核过程。国家安全审查机制的核心目的在于识别并防范潜在的国家安全风险,确保国家核心利益不受损害。在全球化日益加深的今天,国家安全不再局限于传统意义上的军事安全,而是扩展到经济、科技、信息等多个领域,进行国家安全审查对于维护国家安全具有重要意义。外资并购国内企业属于开展国家安全审查的事项之一,当外商投资涉及敏感行业、关键技术或重要资源等领域的并购活动时,鉴于相关投资可能对国家经济安全、技术自主权和资源控制权构成潜在威胁,因此应当进行国家安全审查,对外资并购活动对国内企业、产业及国家安全的影响进行评估,确保在引进外资的同时不损害国家核心利益。投资者实施的经营者集中的反垄断审查除了要考虑参与集中的经营者在相关市场的市场份额及其对市场的控制力,考虑相关市场的市场集中度、经营者集中对市场进入、技术进步的影响以及经营者集中对消费者和其他有关经营者的影响,还要考虑经营者集中对国民经济发展的影响。

从管辖权关系维度看,制度变迁将国家安全审查制度从部门规章跃升为法律制度,成为与反垄断审查并列的审查手段,外资的反垄断审查和国家安全审查的双重管辖权是一种并列关系而非排斥关系。从审查目的维度看,反垄断审查以竞争政策为中心,强调市场资源配置,关注实施经营者集中后企业经济结构的前后动态变化,国家安全审查关注包括政治、经济、金融、社会、军事等领域的国家安全,两者因适用目的不同既不能混用也不能替代。从制度适用维度看,反垄断审查遵循“规则中心”的制度运行逻辑,国家安全审查遵循“权力中心”的制度运行逻辑,两者根据制度运行逻辑的差异划分各自适用的边界。

由是,应加强反垄断执法机构和国家安全监督管理机构之间的深层对话,根据各自的专业能力与职权范围,在具体实施中加强金融主体集中领域国家安全审查工作的协同。一是在涉及金融敏感数据领域,按照“国家安全审查前置+经营者集中审查兜底”的协同治理思路有主次有顺序地适用两种治理工具,保障数据中的国家安全。二是在经营者集中的非金融敏感数据领域,按照"反垄断审查前置+国家安全审查兜底"的协同治理思路有主次有顺序地适用两种工具。明确各自的介入时机与适用边界,构建层次清晰的协同治理模式,国家反垄断局和国家安全监督管理局各司其职,相互协同,共同促成数字金融领域的审查。

3. 加强反垄断执法机构与行业协会的治理协同

加强反垄断执法机构与行业协同的治理协同,需要明确行业协会的执法权来源。关于行业协会的性质,国内外一致认为,行业协会是由单一行业的竞争者构成的非营利性组织,具有非营利性与中介性,旨在促进和提高行业中的产品销售,在雇佣方面提供多边性援助服务。[①] 行业协会能够协同监管机构对平台实施监管。行业协会享有市场规制权,能够参与平台治理,是市场竞争的组织者与管理者之一,协会成员共同拟定的章程是行业协会享有的市场规制权的来源。正因为行业协会对成员企业的规制权(又称治理权)具有正当性,澳大利亚、新西兰、加拿大等国家都通过正式立法赋予行业协会管理行业内部行为的权力,鼓励行业协会制定治理行业规则。[②] 行业协会作为社会组织参与多元主体共治彰显了中国语境下反垄断协同治理的基本理念。

加强反垄断执法机构与行业协会的治理协同,在公共执法力量薄弱、平台反垄断监管工具不足的情况下,由行业协会发挥规

① 参见鲁篱:《行业协会限制竞争法律规制研究》,北京大学出版社 2009 年版,第 1 页。

② 参见鲁篱:《行业协会限制竞争法律规制研究》,北京大学出版社 2009 年版,第 4 ~ 8 页。

制功能,提出对平台自治、规范发展等自律性要求。可以设置压力测试试验机制,[①]可以将行业协会推动的行业自律理解为,是在提前进行压力测试试验,压力试验成功或效果小则可由政府明确固定下来,在全行业推行。压力测试相当于一种社会性试验,类似于一种金融监管沙盒机制,在小范畴的真实场合研究试错,既不会扩大错误政策的影响,也不会损害沙盒内的企业主体。试验中,行业协会需制定标准并负责解说,便于主管部门直观了解设计原理,有助于从源头开展基于算法的垄断行为,为算法规制算法提供思路。

除却参与治理机制试验过程中的协作外,实践中,政府可以逐渐放开行业协会的监督作用,最终实现政府只需审核行业协会的自律性文件,其他问题交给其他主体协同的共治机制。

另外,要推进反垄断执法机构与行业协会在听证方面的协同关系,明确公开的协商交流与互动反馈机制具有正当性,是推动利益相关之自治的重要环节。行业组织、维权组织、政府部门、多边用户群体都可以提出听证的要求,实践中可能出现混乱,带来执法成本增加。因此,行业协会可以向行业主管部门提出问询,通过公开问询,减少被俘获的机会。

听证会机制的本质是公共监督。在平台用户规模庞大,数据数量突出的情况下,参与听证会议,对受监管平台的各类风险进行评估,重点关注金融风险领域、企业行为的负外部性等重要问题,建立平台与企业有效的沟通交流机制,表达各自的权益诉求

---

① 参见刘家明、耿长娟:《从分散监管到协同共治平台经济规范健康发展的出路》,载《商业研究》2020 年第 8 期。

和知情权、话语权,增强平台治理的公开程度和透明度,提前谋划运筹帷幄,有助于推动平台生态系统内的多元利益主体平衡,实现相关者的利益均衡。

(五)推进多元主体治理能力建设

推动多元主体治理能力建设是合作社会专业知识分工与协同的行动者逻辑的要求。多元主体治理能力建设是指各方主体不断提升自身的智识结构,专业实践能力,执法能力等,合理调整治理主体的人员结构。

例如,在切实提升反垄断监管主体的执法能力方面,补充国家反垄断局的执法人员数量,提升国家反垄断局工作人员的专业水平,补充形成具有经济、金融、管理、科技、法律等专门知识能力的专家人才队伍建设。不断提升专业岗位人员的知识技能,通过专题讲座与培训不断提升专业技能,强化干部交流,拓宽干部视野,提升业务能力。将提升专业技术技能的业务交流合作项目与提升专业知识技能的理论专题讲座通过积分方式固定下来,促成学习培训的规律化与常态化。国家反垄断局定期编写反垄断立法执法培训材料、执法手册,汇编反垄断指南,定期出版反垄断执法年度报告。为提升我国反垄断执法人员的执法能力、建设高素质的专业化执法队伍发挥引领带头作用,为我国反垄断执法人员的执法能力奠定坚实基础,提升反垄断执法的威慑力。

二、实践保障:构建信息沟通协同共享四项机制

协同共享机制可以从信息沟通协同机制、执法标准协同、意

见参考协同、调查分析协同4个方面构建，加强机制协同，避免重复监管与监管空白，形成执法部门的监管合力，提升数字金融平台反垄断工作质效。

（一）构建信息沟通协同共享四项机制

信息沟通协同共享机制是协同监管机制中最为重要的机制，也是基本机制。以金融监管部门和反垄断监管部门之间的监管交流与合作互动为例，笔者设计了信息沟通协同共享机制，建议建立信息沟通协同共享机制，可以从以下4个方面展开。

一是建立信息交流与合作共享机制，构建充分的信息沟通协同机制，构筑协调互助的权力配置格局。反垄断执法机构与行业监管机构的信息沟通协同交流至少应当包括以下方面：其一，协同的方式。信息沟通协同应当以书面文件方式作出，以确保事后可以查验。一方发出协同的书面申请后，另一方以书面方式作出是否决定受理申请。其二，申请与拒绝均应说明理由。其三，科学设计协同流程，规定若乙方拒绝后的处理方式，是上报国务院裁定，还是可以再次申请，抑或由反垄断执法机构自行审理。应当明确案件受理的有效期限，如一方收到协同申请后，应在7个工作日内作出返回审理与否的决定。决定受理与拒绝受理均应作出返回决定。其四，科学设计“协同申请”与“受理通知”的结构与格式，书面文件中应包括重要的基本信息，如申请人/接收人、协同事由、协同意图、申请理由、拒绝理由、申请时间，填报应简洁清晰直言要点。其五，规定无故拒绝协同的行政处罚。

二是意见参考协同机制。美国司法部会定期发布《竞争要素报告》,我国反垄断执法机构也在 2019 年发布了类似报告,报告对反垄断执法具有重要指导作用,两方在协同办案时应充分发挥意见参考协同的对个案的指引功能,发挥两个机构的专业优势,及时交流办案意见和办案思路,确保一事一结,避免错误执法对市场主体的损害。

三是建立执法标准协同机制。[①] 为了保证反垄断执法机构和金融监管机构在反垄断执法上的统一性,由反垄断执法机构与金融监管机构共同商议,统一执法标准。

四是建立案件调查协同机制。建立设立案件调查协同工作机制,设计调查分析协同与调查取证协同流程。案件调查取证方面,金融监管机构主导的反垄断工作主要集中在案件的调查取证方面,组建联合调查组实现相关部门协同,共同行使执法权。由金融监管机构启动立案调查,反垄断执法机构随后加入,配合查处,根据金融监管机构的专业调查取得的证据,共同分析案件,实现案件突破。

(二)引入"日落条款"完善规则设计

日落条款是一种在国际上越发常见的立法技术与立法进路,是指设置在法律文本与政策文件中的结束日期,用以表明法律或政策的失效日期。欧盟建立的数字委员会制度就运用了日落条款的制度设计。欧盟于 2019 年设立的专司数字市场的专家委员会制度的生效时间为 2019 年,失效时间为 2023 年,政策失效后由

---

① 参见史岩:《我国反垄断机构与金融监管机构的关系研究》,载《经济问题》2014 年第 6 期。

欧盟决定是否继续实施、作出调整抑或叫停该政策。

笔者认为，可以在协同机制设计中引入"日落条款"。原因在于，一是日落条款类似一种立法激励，其旨趣在于在规定的时效期限内进行政策实践，其功能类似于为机制建立一种实验性立法效果，时效期届满前由立法机关或政策制定机构决定是否延续，若认为需要调整修改则可及时修正调整，其目的在于保证法律与政策的动态更新，常设常新及与时俱进。二是在协同治理政策文本中引入"日落条款"，能够倒逼政策的制定者及时评估政策效能，及时反思协同效果，及时作出协同机制维持、停止或修正的决定，这三个及时构筑了基于协同机制的动态反馈，能够形成对协同机制的正向激励，促进协同机制常态稳定与动态更新。三是日落条款虽有诸多优势但也存在固有瑕疵，主要体现为可能影响法的稳定性，影响行为人预期，故引入"日落条款"可以尝试设置于政策文件中以观效果，设置于政策文件中更符合政策制定需体现市场变化动态的基础要求。我国在特定领域的"五年规划""十年规划"与日落条款有异曲同工之妙。

三、要素保障：构建以数据、算法、平台要素为核心的协同治理机制

（一）建立以数据治理为核心的协同治理机制

数字金融平台垄断行为的技术特点与风险的复杂性需要基于信息技术的工具创新与数字监管的协同治理。互联网、大数据与人工智能等信息技术的优势主要在于提高效率，降低监督成

本,降低信息不对称、信息不完全与数据不对称的程度,鉴于此,数字治理应为反垄断协同治理的重要面向。

数字时代的数据与流量几乎能够决定企业在数字市场竞争中的主导性地位,数字平台企业的垄断利用信息和数据实施"排他性"垄断是数字时代竞争的手段,前述排除竞争者的案例中,利用数据流量的控制、市场力量的影响、算法技术手段的力量实施的限制其他市场主体进入竞争市场的行为集中体现出数据禀赋下市场力量治理的重要性。数字市场竞争规则的透明性和公平性是反垄断执法机构需要维护的数字市场的首要问题,其中,对数据采集范围和使用方式的治理是维护竞争透明性与公平性的关键问题,构建数字金融平台反垄断与数字监管的协同治理机制,借以回应数字金融平台竞争中因数据占有与使用引发的竞争问题。

1. 制定平台看门人规则实施数据监管

2021 年我国颁布的两个重要指南形成对大型平台的震慑,构成对反垄断法的重要补充,其中,《互联网平台分类分级指南(征求意见稿)》[①]将平台划分为三级四类,根据平台用户规模、市值等确立平台的市场准入条件,《互联网平台落实主体责任指南(征求意见稿)》前九条基于平台规模、数据、技术等方面的优势可能对市场竞争造成破坏,对超大型平台提出了更高的责任与义务要求。类似于欧盟 DMA 对数字平台做出的看门人义务要求,提前为数字平台企业设置红线与底线,提供了一套行为标准,为互联网企业合规增加了更多确定性。

---

① 依据用户规模、业务种类、经济体量以及限制能力 4 个方面,将互联网平台分为超级平台、大型平台和中小平台三级。

反垄断监管是一种典型的事后监管,表现为禁止性规范为主的立法模式、合理原则为主的分析模式和消极性义务为主的救济措施,应用于平台监管中存在滞后性、威慑效果不佳等不足,反垄断法内部变革举措的实际效果也较为有限。相较反垄断监管的事后属性,事前监管通过创设积极性法律义务,实现对垄断结构引致不可逆损害的风险预防。为避免"假阳性"错误,引入事前监管须证明细分市场存在高而持续性的进入壁垒、欠缺有效竞争的动态趋势、事前监管收益大于成本三个累积性标准。平台事前监管主体应采取网络制的合作制监管架构,与反垄断监管的衔接包括建立分工监管的机制和可反驳的违法推定规则。① 因而,如果选用欧盟做法,在将事前监管的职能赋予反垄断执法机构时,在责任与准入方面的监管需要反垄断执法机构与金融监管机构建立协同机制;当我们采用新设监管机关实施事前监管时,则需要考虑该新设机关与反垄断执法机构、该新设机关与金融监管机关的协同关系。

笔者所建议的引入看门人事前监管规则并非套用欧盟做法颁布数字看门人的法律文本,而是可以通过规则设置、机制设置等方式,将对具有优势地位的平台纳入约束范围,切实发挥其对于数据、算法垄断的预防职能,发挥其对自我优待行为的自律职能。对特定部门的事前监管是解决利润挤压的方法(或方法之一)。

引入看门人机制创新监管工具,其目的是在竞争问题出现之前建立一个市场以避免这些问题的出现。依靠看门人机制向投

① 参见李希梁:《反垄断监管与事前监管——互联网平台监管模式的二元建构》,载《交大法学》2023 年第 2 期。

资者发出报告预警,威慑实施不法行为的主体,填补数字治理链条上法律实施环节的空缺,降低因数据不对称对市场行为选择的不利影响。修订后的《反垄断法》在监管方式上继续沿用原有事后监管方式,体现出立法者在修法时遵循反垄断法理论基础的审慎态度,看门人制度的事前监管功能是一种补缺治理链条的制度设计,形成协同治理的闭环。通过构建事前监管规则,与反垄断的事中、事后规制方式协同,形成完善的治理链条。通过事前监管优势弥补反垄断法事中、事后监管的不足,防范因数字平台市场双边性、“免费性”等导致的监管难题。

为此,监管层应尽快明确数字金融平台的职责与规则,对作为数字市场外部看门人的中介机构的职责作出实质性规定,一方面明确规定数字平台外部看门人承担责任的具体范畴与法律后果,另一方面促使具有审计资质的中介机构归位尽责,加强行业管理与行业自律,使其具备与新规相匹配的执业理念和专业能力,切实发挥数字市场看门人的作用,通过立法确立数字金融平台触发反垄断法的适用条件与具体适用情形。

2. 优化数据预警体系加强数据协同

推进预警平台与风险预警机构建设,建立数据预警体系加强数据协同。

一方面,建立预警平台。预警平台具有数据清洗与智能分析的功能,可以实现数据的及时分析,对风险与违法线索可视化呈现,通过监管技术助推人工监控。在金融行业容易出现的垄断行为领域,建立“数据 + 技术 + 业务”的专项预警模型,提高监管靶向性与精准度,加强风险监测与预警。建立风险监测指标,设置指标权重体系，动态监测与评估市场风险。建立金融市场集中度等一级指标，建立与金融行业类别、营业额、经营者集中频次、管理层情况、犯罪状况、汇率及利率波动异常情况等二级指标之间的关联关系，根据监管实践以及行业专家意见分别为其设置权重，参照国际国内标准进行评分与分级，评估风险等级，发现异常情况时要与各地相关机构通过协同机制及时研判、及时介入。

另一方面，建立专门的风险预警机构，可以建立独立的风险预警服务中心，也可以在市场监管部门中设立专职风险预警的机构。风险预警服务中心与市场监管机构之间紧密协同。三维立体框架下的各方主体根据与政府之间的协议规定，在市场监管部门发出协作要求时应及时将数据传递至监管部门，提升监管效能。为了防范行政权力滥用与隐私泄露以及信息侵权，协作协议应当提前报备，“协作通知”应有规范的示范文本与签发流程，保证“协作通知”一事一签，建立签发者责任制与事后追责制。

3. 建立立体式数据协同共享机制

创新监管工具，加强数据与技术的监管工具的供给，开展市场综合监管数据共享与业务协同的机制建设。市场监管部门建立与各地各机构的数据分析协同合作关系，建立三维立体式数据协同机制。

国内市场监管部门普遍存在的科研攻关能力偏弱，关键技术研发能力不强，在面对前沿新兴技术时难以快速适应，融合研究能力不足的情况下，依托各地的公共资源交易中心、金融研究中心、高校等对本地金融行业运行情况开展的调研与发布的行业分析报告掌握基本面情况，通过协同能够降低市场监管部门的监管交易成本，缓解市场监管部门有限的数据技术分析压力。推动相关政府机构、金融机构、大型互联网平台与企业联合建立不同类型的公共服务平台,共享数据与资源。公共资源交易中心、金融研究中心等公共服务平台的建立能够实现金融数据共享与金融风险防控,在进行用户画像时相比企业更重视对个人金融信息的隐私保护,金融信息平台在整合金融产品与服务,归集数据的同时也降低了系统性金融风险与信贷风险。

市场监管部门要融合各领域信息数据,在三维立体式数据协同模式的纵轴上建立各级市场监管业务数据的协同,在横轴上建立与其他监管主体和市场主体的信息协同,围绕横轴与纵轴建立立体化多维度、多领域的数据协同,归集社会团体、媒体、消费群体、企事业单位的数据舆情。要根据归集的数据构建风险评估体系,考察市场主体的风险状况。

(二)建立以算法治理为核心的协同治理机制

1.运用监管科技实现技术治理

现有反垄断监管体制及方法与新技术、新应用、新模式的不匹配的矛盾造成反垄断执法的客观不能,要引入技术元素纾解挑战,从监管技术到技术监管的融通实现金融平台反垄断善治。反垄断规制技术的更新与创新显得尤为重要。实践中平台金融领域显露的排除、限制竞争行为大多聚焦到数据和算法的争夺或滥用上。在平台的大数据和算法技术的商业化、市场化应用成熟后,数据和算法作为核心生产要素与工具带来的反竞争危害和潜在风险凸显,反垄断执法部门主要通过行政处罚、宽恕制度、奖励举报人制度等方式禁止垄断协议,优势在于一方面发挥法律的威慑作用迫使经营者从源头上避免违法行为的发生,另一方面发挥宽恕制度的恩赦作用,宽严相济。这些传统的反垄断法执法手段应当继续采用。数字金融市场中基于技术垄断的新特点则需要建立新的执法手段予以协同。

数字金融平台运用数字化技术化手段实施的垄断协议相较传统垄断协议具有外观隐蔽化、手段智能化、契约牢固化之特点,传统反垄断执法手段如主动进入经营者企业调查与被动等待举报人举报的方式更加难以实现。首先,协同行为须以经营者的意思联络为要件,"组织"行为的实施是重要的判定依据。[①] 数字垄断协议中当事人之间的意思联络隐蔽在数据语言之后,外观表征更加隐蔽,主动进入调查的方法难以识别,要件证明面临技术障碍。其次,数字垄断协议在实施手段上更为智能,采用电子协议、算法自动计算等方式确定共谋结果,这就令经营者之间的谈判协商更高效、谈判破裂的可能性更小,对外部福利的损害更大。最后,内部成员之间的信任关系越发牢固,这就使传统的意在从内部瓦解共谋者的奖励举报人的方式更难实现。传统的反垄断执法方式在技术面前捉襟见肘,亟须反垄断执法机构创新执法手段,以达到科技创新与规制科技滥用之间的平衡。

在数字经济与数字金融快速发展的背景下,垄断行为的技术化表现要求执法部门提升执法能力,运用技术手段予以反垄断治

① 国家市场监督管理总局公布的《关于禁止垄断协议行为的有关规定(征求意见稿)》第6条规定:"认定其他协同行为,应当考虑下列因素:(一)经营者的市场行为是否具有一致性;(二)经营者之间是否进行过意思联络或者信息交流;(三)经营者能否对行为的一致性作出合理解释。认定其他协同行为,还应当考虑相关市场的结构情况、竞争状况、市场变化情况、行业情况等。"

理是当代社会背景的题中之义,将技术治理融入反垄断执法也是增强监管部门执法能力的必要保障。政府需要紧随数字金融创新的步伐,运用监管科技提高监管效率。

2. 制定算法规制规则

自律规制主要依赖行业的自我约束,算法具有技术中立性、指令确定性的特征。技术中立性体现在算法、数据本身没有偏好,算法偏好来自背后的设计者偏好,设计者即程序开发者。指令确定性体现在输入的算法不会轻易更改。因此,建议可以区分算法的技术中立性特征与指令确定性特征分别予以治理。

对于算法偏好背后体现出的设计者偏好的治理应当强化设计者的主体责任。采用美国联邦贸易委员会专员斯威尼关于"设计责任"的建议,算法的设计开发者有义务自查责任负担原则,发现错误算法与歧视性算法程序时应当主动纠错,不作为也将受到处罚。

对于算法的指令确定性特征可以通过两种措施予以治理,一是参照"格式条款"的立法规则对算法进行立法规制,算法义务的设定需遵循公平原则,数据来源不得有歧视性、敏感性、个人隐私信息、违法搜集的数据来源,设计者对算法负有解释义务。算法本质上是一系列程序性指令,这套程序不为使用者了解,却实际约束了使用者,限制了使用者的权利义务。"格式条款"规则体现了保护处于信息弱势的消费者的立法目的,在算法世界建立类似"格式条款"的立法规则体现了对处于数据弱势地位的金融消费者利益的保护。这种责任是一种严格责任,举证责任由开发设计者承担,与"设计责任"体现的治理思路一脉相承。二是在算法投入使用前由第三方对其进行算法的非歧视性进行审计,将审计结果记录备案,对备案的定价算法的行为规范性审查更加有效率。第三方对投入使用的算法负有定期监督义务,并出具审计报告。第三方出具的审计报告中应当记录算法的模型、过程与结果,确保算法被记录、可留痕,避免算法更改后不可追查。算法投入使用后,设计者再行作出修正的版本应当报第三方审计留存备案。修正版本应当明确记录版本符号及修改的主要内容,将每一版本妥善保存,对不涉及商业秘密的算法应当予以公示。

3. 研发算法规制算法的技术治理

技术具有中立性是国际共识,技术既能够促进创新也能够阻碍创新,为了促进科技创新,规制科技滥用,创新监管方式是国际上的通行做法。建议建立算法数据分析预测模型,以算法规制算法,平衡科技创新与科技滥用之间的关系。

国外研究表明,通过算法对金融平台经营者之间实施的数字垄断协议进行侦测具有科学性与可行性,算法数据分析预测模型能够对经营者惯常使用的串谋方案进行侦测,算法能够标记串谋特征,归集这些被标记的特征形成的数据集合关联至经营者所使用的算法上,由监管者对被标记的数据集合进行监管识别,大概率能够实现对算法垄断协议的侦破。① 这就增加了监管机构主动识别算法垄断协议的可能。在我国,由于现阶段还存在监管机构技术能力限制性与金融算法垄断协议监管紧迫性的矛盾,将算法垄断监管模式的技术研发与监管试验交由科研单位或其他社会机构,可以进行金融监管沙盒试点,在金融沙盒中进行技术研发

① See B. Akhgar, PS Bayerl, F. Sampson, *Open Source Intelligence Investigation: from Strategy to Implementation*, Springer International Publishing, 2016, p. 390 – 392.

与反垄断试验。

观测金融行业基于算法的数字垄断协议的表现,有以下共性:一是实施时间的共性,体现为几个经营者在同时或同一时间段内宣布价格上涨;二是商业决策的共同性与反常性,体现为几个经营者实施了共同的商业行为,且行为与其长期决策不一致,或者存在与市场决策的反常关系;三是商业联络的频繁性,体现在经营者通过算法频繁交换商业信息;四是行为的稳定性,体现在当市场供求关系发生较大变化时,具有前述特点的几家企业并未调整自己的商业策略和决策,而是维持统一性。如果能够将算法垄断协议的上述特点融入算法模型的设计中,运用数据化的语言进行表达,对算法监管模型的设计与监管或有较大裨益。

简言之,通过算法监管算法具有现实可行性,需要设计数字化的算法监管语言,创新监管工具,通过协同方式能够缓解监管需求紧迫性与监管机构技术有限性的矛盾,实现技术层面的二者协同。

4. 引入技术专家及信息技术加强算法垄断风险监测

数字金融平台算法自动决策构成了一种新型“监视资本主义”场景,这种场景下技术治理与法律治理无法分割,[①]技术化统治需要依靠技术手段予以化解。随着“算法”自动化决策程度的不断加深,“黑箱”算法、“感知”算法、“奇异”算法等风险隐蔽程度也不断加深,可以考虑在内部手段上将技术专家及信息技术引申到内部治理,外部手段上加强与国家数据局的协同,内外协同治理算法垄断风险。

---

① 参见郭泽强:《人工智能时代权利与责任归属的域外经验与启示》,载《国外社会科学》2020 年第 5 期。

2021年12月,国家反垄断局为了进一步强化执法机构建设,加强执法能力建设,补强数据监管短板,组建了国家市场监管总局竞争政策与大数据中心。竞争政策与大数据中心的主要职责是提供技术性支撑,为反垄断执法机构提供网络交易市场监测预警和市场监管大数据分析工作,补强反垄断执法力量的数据能力短板,为反垄断执法治理平台垄断行为提供支撑性保障。竞争政策与大数据中心负责协调统一,承担数据基础制度的政策研究和反垄断执法等职能,从职能看未来可能是负责数字平台反垄断监管的核心机构,处于平台反垄断执法的前置环节。

5. 设立内部数据活动顾问制度,与外部数据监管形成协同

德国设置了个人数据活动顾问制度,在新算法投入使用前参与算法设计、检验与评估,在实际上承担数据监管责任。① 个人数据活动顾问,是指在个人信用数据的收集、处理、分析环节设置,由经过国家统一标准专业资格认证,具备专业知识与合法资质,熟悉数据处理程序的人对新算法投入使用前参与算法设计、检验、评估,并承担实际数据监管责任的人。这种经过国家统一标准专业资格认证的具备专业知识与合法资质,熟悉数据处理程序的技术人员就是个人数据活动顾问。

数据活动顾问的功能类似于算法活动的看门人,数据活动顾问的职能是对算法进行设计与使用的评估控制,当数据活动顾问怠于行使职责时需要承担与其过错相适应的民事、行政责任,当数据活动顾问与企业合谋实施违法行为时需要承担民事连带责

① 参见贺译章:《人工智能在信用监管中应用的法律风险及其应对》,载《甘肃社会科学》2022年第4期。

任与刑事责任。实践中,数据活动顾问运用其专业知识可以通过专业技术方式实现对算法执行过程中的部分内容进行审查,建议通过算法设计者数据活动顾问制度与外部的数据活动监管局内外协同,发挥个人参与协同治理的作用,数据活动顾问从企业内部对算法实施设计与适用阶段的评估控制,数据活动监管局从外部对数据活动顾问提供必要的支持与监督,两者协同实现对算法行为的动态二元协同治理。

(三)建立以平台治理为核心的协同治理机制

1. 构建声誉激励机制促进平台自律

选择声誉机制作为激励平台自律的治理工具,其理论依据在于,威慑理论中,威慑力取决于查处概率与惩罚的严厉程度,在查处概率有限的情况下,需要通过严厉的惩罚提升威慑力度。前述分析表明,金融行业的反垄断监管中,声誉机制对金融行业具有显著的威慑作用,金融企业为了保持自己良好的声誉符号,会谨慎爱惜企业信誉,慎重对待舆论赋予的社会标签,甚至通过设置高于行业标准的私人标准彰显企业信誉,以获取更高的市场信任。此外,声誉激励机制具有补强沉重执法负荷下公共执法资源稀缺的效能,[①]在反垄断法律规制效果有限、现有反垄断执法队伍短时间难以快速提升的情况下,运用声誉机制的制度构建能够冲抵立法不足之弊端。

实践中,也需要选择声誉机制作为激励平台自律的治理工具。

---

① 参见吴元元:《信息基础、声誉机制与执法优化——食品安全治理的新视野》,载《中国社会科学》2012 年第 6 期。

我国传统金融领域建立了相对成熟与完善的金融机构评级标准，比如有商业银行六级别15档次的信用评级标准，信托公司有三类六级别的评级标准，保险公司、证券公司也都有对应的信用评级标准，国际评级机构主要有穆迪评级、惠誉国际信用评级、标准普尔评级，分为投资级和投机级进一步划分，按照国际惯例设置了信用等级的三等十级制标准，而新兴金融市场则缺乏统一的信用评级标准和认可度高、信誉度高的评级机构，笔者从不同评级机构调研到的数字金融评级信息各不相同，具体体现为指标不统一、结果不一致，统计年度不具有持续性，统计年度缺失等多重问题。

声誉机制的构建需以声誉符号为基础，具体体现为建立行业统一的全国信用评级标准体系。笔者认为，数字金融平台声誉机制的构建应从以下几方面展开，建立全国统一的信用评级标准。从评级标准的构建上看，金融控股公司业务组合模式多样化特征明显，个体差异大，宜从业务属性出发，基于业务属性的属性设置行业标准，由政府机构牵头，各资信评估企业或科研机构协同，明确评价指标，制定评级标准，再交由上级主管部门讨论，最后提交中国人民银行、证监会、金融监管总局等国家机关协同讨论，形成统一的评级标准。评级标准设计的基本思路可以设计为，在对金融控股类企业信用评级标准各指标要素科学分析、设计的基础上，形成整体性的基本框架（见图5-2），根据此框架设计各个指标的权重，再进一步根据新兴金融的业务类别、新兴金融产品与服务的类型分别设计权重，若同一平台同时经营多种金融业务，为每一种数字金融业务赋予不同权重，根据平台经营的业务类型进行总权重调整，整体打分，最后根据总分进行级别判断，建立健全信用评级标准体系。从评级机构上看,缺乏认可度高、信誉度高的评级机构,应拓展信息流通渠道,根据信息接收的路径依赖合理选择信息传播路径,做到有点有流量有针对地信息流通与传播,加强对金融优劣信息宣传的时效性、针对性、有效性。当前信息宣传的渠道十分丰富,信息传播路径分散、信息碎片化现象较为严重。在信息负荷过量的情况下,信息接收渠道具有较强的路径依赖,适宜根据信息接收者的特点、分析信息接收习惯,选择最容易受到消费者关注的路径,进行点面结合的信息宣传。拓展信息流通渠道,增加新兴网络媒体等公共领域的宣传路径,让信息宣传触达社会公众,形成公众集体记忆,增强声誉罚的处罚效果。

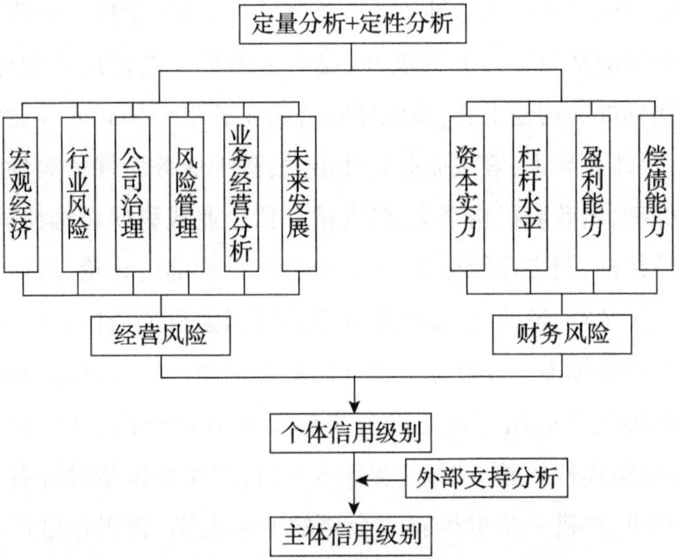

图5-2　金融控股类企业信用评级方法整体框架

注:参考金融机构信用评级评价指标绘制。

2. 强化数字金融平台声誉监督协同机制

倘若没有健全的监督反馈机制，数字金融平台声誉机制就会沦为空谈，甚至走向异化。公安部发布的《2021 全国网民网络安全感满意度调查“互联网平台监管与企业自律”专题调查报告》表明，数字平台垄断行为形式多样且依然严重。行业协会应充分发挥社会监督作用，作为数字金融平台与政府之间的纽带积极参与平台治理，建立健全针对数字金融平台的声誉监督协同机制。在平台自律层面形成“平台自治 + 行业协会自律 + 政府监管”层层递进的治理关系，形成由平台依法开展自律，行业协会治理平台，政府治理行业协会的治理模式，共同开展针对平台的治理。

行业协会应当牵头制定平台自律公约，开展平台自律监督。探索建立重点领域行业信用评价、谈话提醒、通报公告、自律性协同惩戒等奖惩机制。倡导数字金融平台企业自律性行业组织的监督作用，制定自律性行业规范督促平台企业切实尽责。行业协会在开展反垄断治理活动时要避免与平台谈及金融定价、利率调整等敏感信息，避免形成行业协会主导下的垄断协议。

应当建立由公众、行业协会、本地金融监管机构、反垄断执法机构、本地数据局五方协同的共治体系，对平台行为进行监督，发挥事前监管/监督的预防功能，对平台异常行为及时预警。建立定期问询与特殊情况问询制度，对声誉监督考评问询卡设置定期监督制度，其他合作监督机制为不定期的个案监督制。通过制度设计建立一个围绕数字金融平台反垄断治理的执法信誉评价的协同治理体系，实现数字金融平台反垄断治理由科层制向公众导向制的多元协同治理模式的转变。

应当重点设计多主体治理的协同反馈机制,形成畅通的沟通、问询、建议、报告、反馈的渠道。在沟通交流的媒介设计上,可以设计不同主体之间、不同类型的交流协同卡片。以行业协会对平台机构的问询卡为例,在设计细节上,将问询卡设置为双面卡,正面为监督者的问询卡,背面为被问询者(平台企业或平台内特定部门)的答复卡。在设计内容上,设计问询卡模板,问询卡可以包括两个板块:指标表格栏与问询事项填写栏。在指标表格栏内将信用评级标准的各项评价指标以表格形式绘制于卡中,监督者以打勾的方法选择问询内容。在表格下方设计问询事项填写栏,用以监督者填写具体问询事项,或对上述勾选内容进行解释或补充。

在声誉监督考评问询卡的设计中,依然可以运用指标表格栏,增设权重行/列、评价评价行/列,将指标表格栏目下方的问询事项填写栏替换为考评标准,定期披露平台企业对数字要素(数据、算法、互联互通)、风险内控(如资本充足率、杠杆率、网络安全)、标准建设与维护等评价指标的遵守情况,及时对卡片情况进行评价与公开,接受公众监督,发挥声誉罚与公共监督的作用。

3. 构筑底线义务强化平台法律责任

构筑平台自治的底线义务是企业社会责任理论对企业义务负担的要求。自19世纪以来自由市场经济向社会市场经济逐步演进,20世纪20年代随着生产社会化与市场主体规模的大幅度扩张,出现了与市场活动相关的一系列外部性问题,诸如工业对环境污染、劳工待遇恶化、不公平竞争、损害消费者利益、贫富分化等问题限制了社会生活与经济的持续发展，引发社会公众对市场主体日益强烈的道德指责，一部分底线性道德逐渐上升为企业法律责任。数字金融平台实践中，具有垄断地位的数字金融企业甚至能够抵制法律。苹果公司一直强烈抵制荷兰消费者和市场管理局对其操作系统和服务进行更改的法规，宁愿支付千万美元级别的重磅罚款也不愿服从荷兰消费者和市场管理局要求其开放支付应用工具的命令，直至荷兰消费者和市场管理局第四次下令罚款，迫于监管压力苹果公司才宣布引入外部支付选项，允许平台内应用自主选择。

可见，算法技术虽然技术中立，但并非价值中立，非理性的算法应用将金融科技平台的逐利本性发挥到极致，从而忽视了企业应有的社会责任，实质上型构了标签式的算法歧视。[①] 强化数字金融平台履行企业社会责任，引导数字金融平台企业克服基于算法与技术的逐利性，更好地履行企业社会责任，可以从以下几个方面着手。

一是规定平台自治的底线义务，将一部分道德底线转化为法律义务，构建数字金融平台机构权责相适应的数字看门人权利与义务。基于实体企业公平竞争的要求，可以区分超大型平台的义务性道德并将其上升为法律制度以维持其确定性，是推进平台治理法治化的内在要求。法律化的企业社会责任是道德性义务在法律制度中的体现。企业社会责任的特殊之处就在于随着社会

---

① 参见程雪军：《金融科技平台算法价格歧视的反垄断规制》，载《上海法学研究》2023 年第 1 期。

的发展变化,法律对道德底线的判断会发生变化,从而道德义务向法律责任转化的现象会持续不断。[①] 在当代,诚实信用和公认的商业道德成为判断商业竞争行为正当性的标准。我国通过司法解释进一步丰富了网络平台经营者商业道德的法律渊源,明确了互联网行业开展行业竞争时应遵循的基本商业道德规范,数字金融平台垄断行为对市场的破坏更大,更需要对其提出更高的商业道德要求,[②]将道德性义务上升为法律义务,构筑平台治理与自治中应当遵循的法律义务底线。平台机构的数字看门人责任具体可以从两个维度构建,一方面,基于平台机构与相对方交易中处于优势地位的维度构建平台对金融信息管理的监督权、对金融侵权行为的制止权、对违反服务协议与交易规则的单方规制权等平台权利;另一方面,基于平台机构受政府管制的维度构建禁止数据优势滥用、禁止数据封闭、禁止算法歧视等平台义务。[③]

二是规定明确的违法责任。"法律责任是与法律义务相关的概念,一个人在法律上要对一定的行为负责。意思就是,他做相反行为时,他应受制裁。"[④]根据张文显教授的法律责任"后义务说",法律责任是由于侵犯法定权利或违反法定义务而引起的、由专门国家机关认定并归结于法关系的有责主体的、带有直接强制

① 参见蒋建湘:《企业社会责任的法律化》,载《中国法学》2010 年第 5 期。

② 参见方军、程明霞、徐思彦:《平台时代》,机械工业出版社 2018 年版,第 16 页。

③ 参见张潇丹、鲁篱:《数字看门人责任的理论分析与制度选择》,载《金融论坛》2023 年第 4 期。

④ [奥]H. 凯尔森:《法与国家的一般理论》,沈宗灵译,中国大百科全书出版社 1996 年版,第 73 页。

性的义务，亦即由于违反第一性法定义务而招致的第二性义务。[①] 强化平台法律责任才能保障平台底线义务的实现。将治理权交给平台，不仅要有义务性的行业自律性规定，还要规定明确的违法后果，辅以强有力的惩罚性规定。鉴于数字金融平台垄断行为的严重危害，对大型数字平台的垄断行为与监管对抗、损害监管实施有效性等行为应当通过进一步立法予以有效回应。鉴于数字金融平台垄断行为的严重危害，应加强对垄断行为的处罚力度，发挥声誉罚对数字金融垄断的规制作用。

4. 健全平台金融数据安全管理与政府网络金融安全审查的内外协同机制

随着网络金融产品和金融服务供应链安全形势的越发严峻，在金融平台领域，应针对金融数据的网络攻击行为和金融数据滥用行为，聚焦数据安全，落实等法律法规要求，明确平台主体责任，建立平台金融数据安全管理与政府网络金融安全审查的内外协同机制。

为此，国家数据局、国家网信办、国家发改委、中国人民银行等政府职能部门根据《数据安全法》《网络安全审查办法》《个人信息保护法》《关键信息基础设施安全保护条例》等建立了网络金融安全审查机制，负责国家层面的网络安全审查，将数字金融平台纳入金融数据安全审查对象范畴，对其开展的可能影响国家安全的数据处理等活动进行审查。

建议建立健全数字金融平台金融数据安全内控机制。原因

① 参见张文显：《法律责任论纲》，载《吉林大学社会科学学报》1991 年第 1 期。

在于,平台是平台内行为的首要责任主体,平台拥有信息巡视与安全控制的能力,是平台数据流量控制与安全保障的责任主体。主要包括两个层面的机制建设,具体设计如下。

第一个层面是金融数据安全风险内控机制建设。第一,设置平台网络安全巡查官/部门,对平台内金融数据和网络安全受到攻击的活动进行巡查。第二,开展平台网络安全自控管理,保护用户金融信息安全与个人数据安全,防止数据泄露。第三,平台对关键信息基础设施出现的金融信息受到窃取、攻击与破坏的恶意行为及时内控,并向主管部门报告,防范可能出现的安全风险。第四,在采购金融产品和金融服务环节建立数据安全风险预判机制,对预判该产品和服务投入使用后可能带来的国家安全风险进行风险审查与风险预判。

第二个层面是金融数据隐私风险内控机制建设。平台搜集用户的金融信息必须获得许可,平台能够提供与用户充分交流与提示的信息,并备案保存至少 3 年。经客户确认的金融数据内容应当包括平台搜集的金融数据信息类型、具体内容、搜集用途、对用户的影响几个方面,用显著方式进行提示,以清晰、明确、便利的方式为提供客户确认渠道,用户享有选择权,不得强迫客户同意,不得设置不经客户同意则不能使用非相关平台功能的不公平条件。用户享有知情权,平台负有解释说明的义务。

另外,要健全平台数据安全审查与政府网络安全审查的信息交流、问询与备案机制。通过信息交流机制,平台能够及时将风险审查情况向政府相关职能部门报备;通过问询机制,平台对不能确定的风险向政府机构提出问询,对于经问询同意开展的采购活动平台可以免责;通过备案机制,及时对问询情况与信息交流情况留底备案。例如,规定超过100万用户个人信息的数字金融平台运营者赴国外上市必须向网络安全审查办公室申报网络安全审查。

通过优化平台金融数据安全管理与政府网络金融安全审查的内外协同机制,共同发挥平台反垄断治理作用,维护金融安全。

四、小结

一个国家的竞争政策与监管政策的制定要遵循一般国际惯例,国际上反垄断与监管的二元关系决定了两者的边界与协同的空间。前垄断行业的自由化创造了部分监管与竞争部门并存的市场,令竞争与监管之间的衔接问题变得重要且紧迫。

数字金融平台反垄断协同治理,重点在于遏制基于数据的新型垄断表现带来的反竞争行为,推动数据反垄断治理模式转型,核心在于实现多主体协同的治理手段的创新。数字金融平台反垄断治理应当坚持多元主体协同的治理路径,既防止各种阻碍竞争的垄断现象出现,又充分发挥市场机制的作用,实现协同治理的目的。数字金融平台反垄断协同治理,需要反垄断与金融监管的协同,反垄断与数字监管的协同,反垄断与行业自律的协同,反垄断与平台自治的协同,四元主体共同实现数字金融平台的风险治理,防范金融风险,实现金融稳定。数字金融平台反垄断协同治理,是各方基于不同的定位、事项、环节和手段发挥各自功用,各司其职,职能主体之间是一个动态协调的过程。

这种反垄断治理模式充分体现了我国对金融制度创新对既

有制度冲击的治理手段的现代化回应，它可以最大限度地解决我国金融业在创新发展过程中遇到的反垄断执法工具与金融监管工具不足的问题，解决因分散治理造成的部门之间各行其是、责任推诿而产生的监管真空问题，为我国金融行业的发展创造公平健康的竞争环境，助推金融可持续发展。